实施汽车转向与悬架系统维修

主　编　张晋源　兰文奎
副主编　杨　洋　陈　磊
参　编　程　飞　黄晓英
　　　　白　云　涂　珊
　　　　彭　瑜

北京理工大学出版社
BEIJING INSTITUTE OF TECHNOLOGY PRESS

内容简介

本书借鉴了国际职业教育的先进教学理念，突出了"以行业需求为导向、以能力为本位、以学生为中心"的原则，把行业能力标准作为专业课程教学目标和鉴定标准，按照能力标准组织教学内容，着重介绍了汽车轮胎，汽车悬架，转向系统的基本结构、原理、维修程序和常见故障诊断，四轮定位的原理和检测调整。针对学生的学习特征设计教学活动，将教学活动与模拟或真实的工作场所相融合，并使动态的教学鉴定与教学评估相结合，做到"动中学、学中练、练中用"，满足学习者学习需求。

本书是面向高职、高专汽车专业学生的教材，也可以作汽车维修、服务的专业人员的培训教学材料。

图书在版编目（CIP）数据

实施汽车转向与悬架系统维修／张晋源，兰文奎主编 . —北京：北京理工大学出版社，2015.6（2019.7重印）

ISBN 978 - 7 - 5682 - 0835 - 2

Ⅰ.①实… Ⅱ.①张…②兰… Ⅲ.①汽车 – 转向装置 – 车辆修理 – 高等学校 – 教材②汽车 – 车悬架 – 车辆修理 – 高等学校 – 教材　Ⅳ.①U472.41

中国版本图书馆 CIP 数据核字（2015）第 149593 号

出版发行／北京理工大学出版社有限责任公司
社　　址／北京市海淀区中关村南大街 5 号
邮　　编／100081
电　　话／（010）68914775（总编室）
　　　　　　82562903（教材售后服务热线）
　　　　　　68948351（其他图书服务热线）
网　　址／http://www.bitpress.com.cn
经　　销／全国各地新华书店
印　　刷／三河市天利华印刷装订有限公司
开　　本／787 毫米×1092 毫米　1/16
印　　张／11.25　　　　　　　　　　　　　　责任编辑／梁铜华
字　　数／260 千字　　　　　　　　　　　　　文案编辑／多海鹏
版　　次／2015 年 6 月第 1 版　2019 年 7 月第 3 次印刷　责任校对／周瑞红
定　　价／36.00 元　　　　　　　　　　　　　责任印制／李志强

前 言

PREFACE

"实施汽车转向与悬架系统维修"课程是汽车检测与维修专业的核心课程，主要讲授汽车轮胎、悬架系统、转向系统的构造、工作原理、故障诊断、拆装检查维修等方面的知识，培养学生对转向、悬架、四轮定位系统的检修能力。

在"校企合作、工学结合"理念的指导下，汽车专业教学团队创新出"能力标准、课程体系、职业证书"三位一体的汽车维修高技能人才培养模式，开发出《汽车维修技术人员培训能力标准》，并以此为依据，编写了本教材。

本书借鉴了国际职业教育先进理念，按照岗位能力要求组织教学内容，针对高职学生学习特征设计教学活动，以模拟或真实的工作场所为教学环境开展教学活动，学生通过项目任务掌握理论知识与实践技能，通过多种教学活动来培养学生分析和解决问题的能力，任务的设计也兼顾了学生职业素养的形成，本书所列的鉴定计划与鉴定工具有利于学生进行自我鉴定及教师进行鉴定并收集证据，教学评估工具有利于教师对教学计划和教学方法进行调整。

本书共分为四个单元，单元1是汽车轮胎识别与维修，主要是帮助学生认识汽车轮胎的作用，知道常见轮胎的类型和特点，并能进行轮胎更换和动平衡操作。单元2是汽车悬架系统维修，讲解了悬架的主要原理，针对目前主流车上用的悬架进行讲解，让学生能维修和维护悬架系统。单元3是汽车转向系统维修，对目前常用的机械液压助力转向、电动液压助力转向和电动转向进行讲解，让学生具有对这几种类型转向系统进行维修和维护的能力。单元4是车轮定位检查与调整，主要帮助学生了解车轮定位的主要参数和各参数对汽车行驶性能的影响，让学生具有四轮定位检查和调整的能力。

本书由重庆工业职业技术学院张晋源、兰文奎担任主编，由杨洋、陈磊担任副主编，涂珊、黄晓英、彭瑜、白云、程飞参加了编写工作。其中活动1.1由涂珊编写；活动1.2由黄晓英编写；活动2.1由彭瑜编写；活动2.2由白云编写；活动2.3~2.5由杨洋编写；活动2.6和2.7由陈磊编写；活动2.8和2.9由程飞编写；单元3由张晋源编写；单元4由兰文奎编写。

本书在编写过程中参考了大量国内外汽车专业书籍，并借鉴了行业维修手册和培训教材，谨在此向其作者及资料提供者表示感谢，同时也感谢重庆市汽车行业技术专家的大力支持。

由于编者水平有限，书中难免存在不妥之处，恳请读者和专家批评指正。

编 者

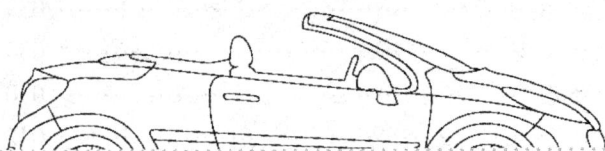

目录

CONTENTS

目录

单元 1
汽车轮胎识别与维修

单元学习目标

通过本单元的学习，帮助学生掌握汽车轮胎的有关知识，正确识别汽车轮胎各种标记，并能够进行轮胎拆装动平衡作业，其具体表现为：

1）了解汽车轮胎基础知识，知道汽车轮胎的作用及重要性。
2）知道汽车轮胎种类以及各类轮胎结构。
3）知道汽车轮胎花纹的类型、特点与应用。
4）能正确识别汽车轮胎的各种标记。
5）能正确拆卸轮胎。
6）能正确进行轮胎动平衡作业。
7）能正确分析轮胎常见故障。

学习资源

1）各类汽车维护手册。
2）关于汽车运行材料、底盘系统和行驶系统的资料。
3）各种介绍汽车轮胎的书籍。
4）有关职场健康和安全的法律、法规。
5）汽车维修设备使用说明书和安全操作规定。

可供学习的环境和使用的设备

1）车间或模拟车间。
2）具有汽车和轮胎的各种场合。
3）汽车维修设备和工具。
4）各种类型的汽车轮胎。
5）必需的教学设施、录像、网络资源等。

单元学习活动

◇ 活动 1.1　认识轮胎作用和规格

◇ 活动 1.2　实施轮胎拆装检查和动平衡作业

单元学习鉴定表

活动 1.1　认识轮胎作用和规格

活动学习目的

通过本活动的学习，帮助学生认识汽车轮胎的有关知识，正确识别汽车轮胎的作用和各种标记，具体表现为：

1）了解汽车轮胎基础知识，知道汽车轮胎的作用。

2）知道汽车轮胎花纹的类型和特点。

3）知道汽车轮胎轮辋的作用和规格。

学习信息

1.1.1　认识轮胎作用

汽车轮胎是汽车行驶系统的重要组成部件，也是汽车使用中重要的运行材料。汽车轮胎通过车轮安装在车桥上，对称配置于每个车桥的两端，绕车轴转动并沿地面滚动。

轮胎在汽车行驶中主要起以下作用。

1. 承受载荷

汽车重量通过车体传到轮胎，由轮胎肩负起全部的重担。

2. 产生驱动力与制动力

轮胎是汽车上唯一与路面接触的部位，汽车通过轮胎传递驱动力和制动力，汽车的起动、行驶、制动、停车都要通过轮胎与路面"沟通"。

3. 缓冲和吸振

轮胎的主要成分是具有弹性的橡胶，加之轮胎内空气的吸振能力，使汽车在恶劣的路面具有卓越的缓冲和抗振功能。

4. 改变汽车行驶方向

汽车转弯行驶时产生平衡离心力的侧抗力，在保证汽车正常转向行驶的同时，通过车轮产生自动回正力矩，使汽车保持直线行驶。

1.1.2　认识轮胎花纹

轮胎花纹主要由花纹沟、花纹块及节距等构成，是汽车直接与路面接触的部位，轮胎花纹的主要作用就是增加胎面与路面间的摩擦力，以防止车轮打滑，这与鞋底花纹的作用有类似之处。

轮胎主要有以下几种花纹。

1. 纵向花纹（见图 1-1）

（1）优点

纵向花纹的共同特点是胎面纵向连续、横向断开，因而胎面纵向刚度大而横向刚度小，轮胎抗滑能力也表现为横强而纵弱。拥有这种花纹的轮胎行驶摩擦力小，高速行驶时的操控性、稳定性和安全性较好，噪声较小且舒适性较好，但驱动力和制动力较横向花纹的轮胎差。纵向花纹适用于路况较好的城市路面、高速公路，多见于轿车、客车、卡车及轻卡车等车辆的轮胎。

（2）缺点

纵向花纹轮胎的驱动力和制动性能相对较弱，爬坡能力较差，排水、排石性较差，不适合状况较差的道路。

2. 横向花纹（见图 1-2）

（1）优点

横向花纹耐磨性好，轮胎与地面接触面积大，制动力和驱动力表现较出色，爬坡力强；能自动甩出花纹里的石子。横向花纹轮胎适用于荒郊野外、建筑工地等恶劣砂石路面。

（2）缺点

排水性差；横向附着力小，防侧滑能力差；散热效果不好；增大了噪声；在车辆操控灵活性方面显然比不上纵向花纹。

图 1-1　纵向花纹轮胎　　　　　图 1-2　横向花纹轮胎

3. 纵横向花纹（见图 1-3）

（1）优点

吸收了纵向花纹排水性能好和噪声小、横向花纹动力性强的优点，因此这种类型花纹的轮胎适应能力强，应用范围广泛，适用于各种路面。行驶在良好路面的轮胎，花纹多以纵向为主；行驶在复杂路面的轮胎，花纹多以横向为主。

轮胎胎侧上标有"ALLSEASON（四季轮胎）"或"M＋S"（泥泞和雪）字样的四季轮

胎就是纵横向花纹，胎面中间纵向花纹多为锯齿状或斜纹，横向花纹明显。四季轮胎适合于包括冰雪路在内的常年驾驶，保证提供充分的牵引、控制和制动性能。

（2）缺点

纵向花纹和横向花纹的性能都不突出，且会产生异常的磨损。

4. 越野花纹（见图 1-4）

（1）优点

越野花纹沟槽宽而深，花纹块较大，触地面积比较小。在松软路面上行驶，当土壤嵌入花纹沟槽中时，因凹槽宽而深，且凸条呈人字形，凸条的方向与地面成一定角度，行驶时凸条变形而将淤泥从轮胎的沟槽中压出，因而越野花纹轮胎的脱泥性较好。越野花纹是专门为各种泥泞路、沙路、松软土路和崎岖山路而设计的花纹，这种花纹轮胎能适应各种恶劣环境和气候。

越野花纹分为无向花纹和有向花纹两种，有向花纹使用时具有方向性。

（2）缺点

由于花纹的接触压力大，滚动阻力大，所以不适合在良好硬路面上行驶，否则，将加重花纹磨损，增加燃油消耗，振动也大。

图 1-3　纵横向花纹轮胎

图 1-4　越野花纹轮胎

1.1.3　认识轮胎规格

1. 轮胎胎侧标记

轮胎是汽车的重要部件，正确识别汽车轮胎外胎两侧的标记，对轮胎的正确选择和使用具有重要意义，如图 1-5 所示。

（1）商标

商标是轮胎生产厂家的标志，包括商标文字及图案，一般比较突出和醒目，易于识判。

（2）轮胎规格

轮胎规格是指轮胎几何参数与物理性能的数据，常用一组数字表示，具体含义见后面说明。

（3）层级

层级是指轮胎橡胶层内帘布的公称层数，与实际帘布层数不完全一致，是轮胎强度的重要指标。层级可表示为 12 层级或 12 P. R.。

（4）帘线材料

有的轮胎单独标记，如"尼龙"（NYLON），一般标在层级之后；有的轮胎厂家标注在规格之后，用汉语拼音的第一个字母表示，N 表示尼龙，G 表示钢丝，M 表示棉线，R 表示人造丝，ZG 表示钢丝子午线帘布轮胎。

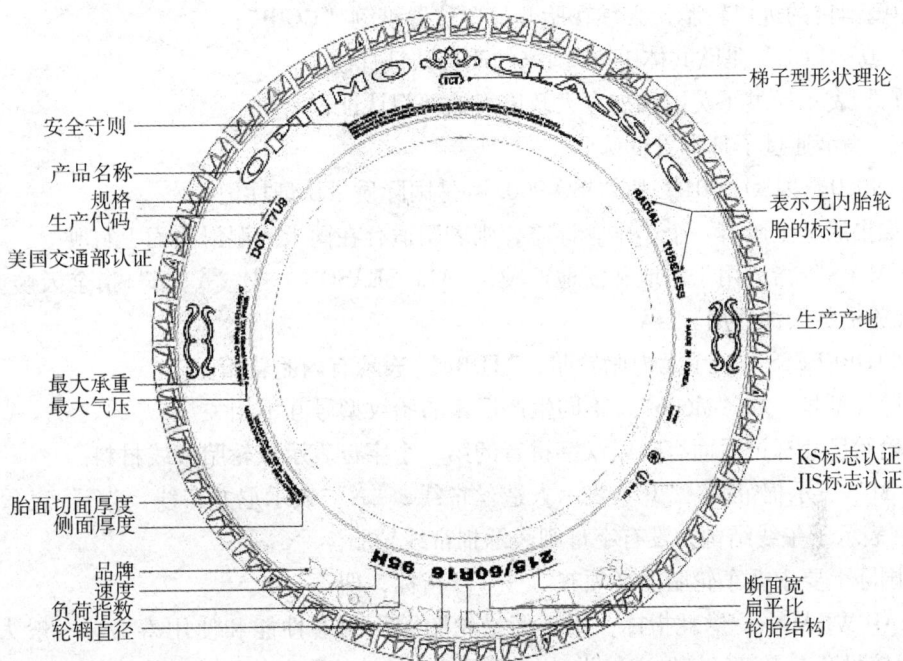

图 1-5　轮胎胎侧标记

（5）负荷及气压

一般标志最大负荷及相应气压，如"MAXLOAD 650 KG AT300 KPA（44PSI）MAX PRESS"表示轮胎载重 650 kg、轮胎气压 300 kPa。

（6）轮辋规格

表示与轮胎相配用的轮辋规格，如标准轮辋 5. 00 F。

（7）平衡标志

高速轮胎还标有平衡点记号、安全警告事项以及其他的重要资料。如果轮胎侧面注有"–""□""W""D"等符号或用彩色标记，则表示轮胎此处最轻，组装时应正对气门嘴，以保证整个轮胎的平衡。

（8）滚动方向

如有箭头或"OUTER SIDE"字样，则表示为有方向性的轮胎，按箭头指的方向安装。

（9）磨损极限标志

胎侧有的为"△"，有的为白色标记，米其林是小轮胎人，倍耐力是 TWI，这是标示轮胎磨损极限的对应位置。

（10）生产批号

表示轮胎的制造年、月及数量，用于识别轮胎的新旧程度及存放时间。如"98N08B5820"表示 1998 年 8 月 B 组生产的第 5 820 只轮胎；如果 DOT 最后是四个数字，则前两位数字代表第几周生产，后两位数字代表年份，如 DOT2002 代表轮胎在 02 年第 20 周生产。

（11）胎侧其他标记

表示生产许可证号及其他附属标志，常见的有：

1）质量认证标志：

在中国销售的进口轮胎，必须在胎侧显要位置镌刻"CCIB"；

"E"或"ECE"是欧共体 14 个国家的质量认证标志；

"DOT"表示通过了美国和加拿大政府运输部门认证；

"JIS"表示通过了日本质量认证；

"ISO 9000""ISO 9001"和"ISO 9002"是国际质量认证标记。

2）如果胎壁上画有一个小雨伞标志，则表明适合在雨天或湿滑路面上行驶。

3）"M+S"指适用于泥地和雪地行驶；"ALL SEASON"或"A+S"指全天候型轮胎，不论夏天还是冬天都适用。

4）"TUBELESS"表示无内胎轮胎，"TUBE"表示有内胎轮胎。

5）胎纹型号，如"M606"，不同生产厂家的胎纹型号互不相关。

6）轮胎尺寸标记后面有时以汉字拼音的第一个字母表示该轮胎帘线材料。

如"M"表示棉帘线，"R"表示人造丝帘线，"N"表示尼龙帘线，"G"表示钢丝帘线，"Z"表示子午线结构，没有字母则表示棉帘线轮胎。

7）国际上要求轿车轮胎上必须有"三 T"指标，即：

TREAD WEAR——磨耗指标，用于衡量轮胎胎面耐磨性能和使用寿命。一般大于 180 的轮胎比较耐磨，属于经济取向的设计；小于 180 是性能取向的设计，橡胶软，磨损快，但抓地性好；低于 100 是赛车用的热融胎，基本一场比赛下来就报废了。

TEMPERATURE——温度指标，用于衡量轮胎行驶时升温的高低，与轮胎高速性能相关。A 级为特优，指能以 185 km/h 速度连续行驶 30 min；B 级为良好，能达到 160 km/h；C 级指 B 级以下的轮胎。

TRACTION——牵引力指标，用于衡量轮胎与地面的附着性能。A 级为特优，指干、湿地都有优良表现；B 级为良好，指干、湿地都适合；C 级为一般，无论干、湿地表现都不太好。

8）轮胎名牌下面的小字母则是轮胎的使用注意事项。

2. 轮胎规格标记方法

我国汽车轮胎的国家标准于 1982 年 3 月首次发布，1989 年 3 月进行了第一次修订，1997 年 9 月进行了再次修订。载货汽车轮胎系列的国家标准为 GB/T 29277—1997《载货汽车轮胎系列》，轿车轮胎系列的国家标准为 GB/T 2978—1997《轿车轮胎系列》。

目前许多轮胎采用 ISO 国际统一标准，其轮胎规格表示为：

车型代号　断面宽度/扁平率　轮胎结构标记　适用轮胎直径　载荷指数　速度记号

如 P　195/60　R　14　85H 表示：

P——轿车（T 表示普通车，C 表示货车）；

195——轮胎断面宽度为 195 mm；

60——扁平率的百分数，即轮胎断面高度与宽度比为 60%；

R——子午线轮胎（D 表示普通斜交线轮胎，B 表示带束斜交轮胎）；

14——轮胎直径为 14 in[①]；

85——载荷指数；

H——速度标记。

1.1.4 认识轮辋的结构和组成

1. 车轮及其作用

汽车车轮是汽车运行中承受负荷的旋转部件，主要由轮辋、轮辐和轮毂三部分组成。车轮外面安装着轮胎，中间是轮辐，中心通过轮毂装在车轴上。

车轮作为汽车行驶部分的主要承载件，是影响整车性能最重要的安全部件之一。它不仅要承受静态时车辆本身垂直方向的载荷，更要经受车辆行驶中因起动、制动、转弯、风阻、石块冲击、路面凹凸不平等各种动态载荷所产生的不规则应力的考验。同时，车轮也是影响整车外观造型的装饰件，可以说是衡量整车质量和档次的主要象征之一。

2. 车轮组成和结构

按照轮辐构造不同，车轮可分为辐板式和辐条式，图 1-6（a）和图 1-6（b）所示为辐板式车轮，图 1-6（c）所示为辐条式车轮。

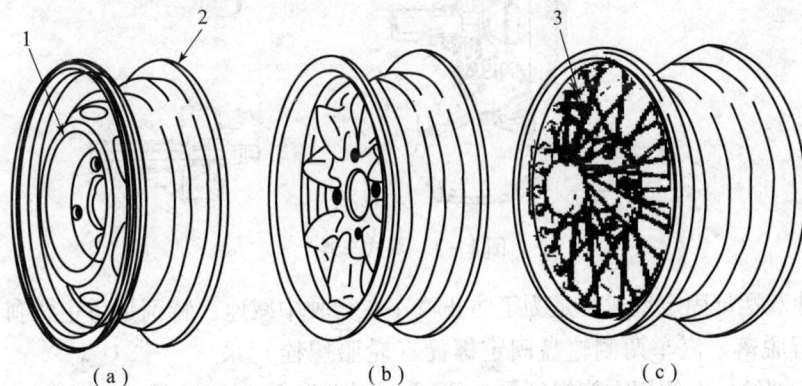

图 1-6 车轮组成与结构

（a）钢板型辐板式车轮；（b）合金型辐板式车轮；（c）辐条式车轮

1—辐板；2—轮辋；3—辐条

辐板式车轮应用较多，这里以辐板式车轮为例，说明车轮的结构。

（1）轮盘

轮盘的作用是连接轮辋与轮毂，轮盘与轮辋通过焊接连成一体，轮盘与轮毂用螺栓连接。轮盘上的中心孔及其周围的螺栓孔用以安装轮毂。为了在安装时对正中心和便于车轮互

---

① 1 in = 2.54 cm。

换，轮盘上螺栓孔的两个端面都制有锥形凹坑，相应的紧固螺母的端部也制有锥面凸起。轮盘上还有 4 个大孔，以便减轻重量，且利于拆装、充气和制动鼓散热。

许多载货汽车，由于后桥负荷比前桥负荷大得多，为使后轮轮胎不致过载，后桥采用双式车轮，如图 1 - 7 所示，即在同一轮毂上安装了两套轮盘和轮辋。为了便于互换，轮盘的螺栓孔两端都制成锥形。内轮的轮盘靠在轮毂凸缘的外端面上，用具有锥形端面的螺母固定在螺栓上，螺母上有外螺纹。外轮的轮盘紧靠着内轮盘，并用锁紧螺母来固定。

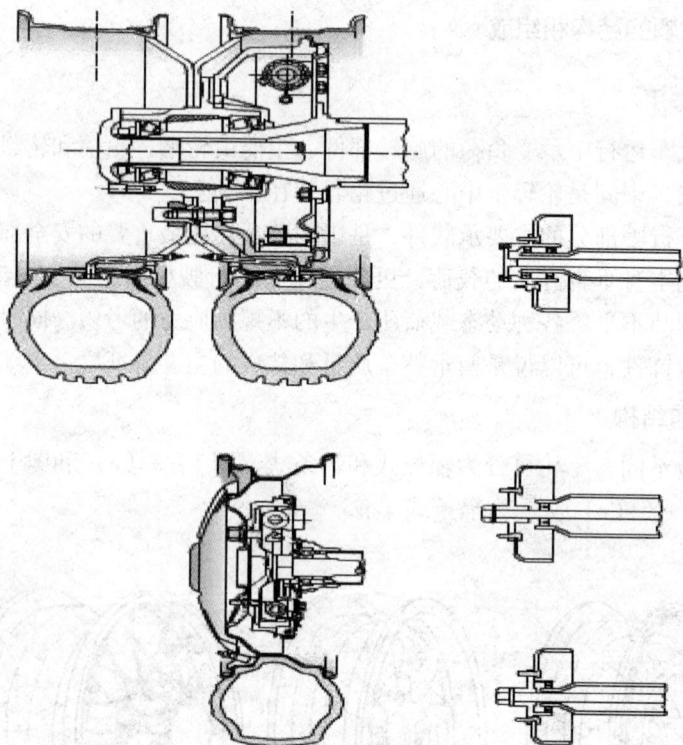

图 1 - 7　双式车轮

采用这种双螺母固定型式，是为了防止汽车在行驶中减速，特别是防止急刹车时固定轮盘的螺母自行脱落。汽车两侧轮盘固定螺栓（轮胎螺栓）采用旋向不同的螺纹，左侧用左旋螺纹，右侧用右旋螺纹。

（2）轮毂

轮毂主要用来连接制动鼓、轮盘和半轴凸缘，由圆锥滚子轴承支承在半轴套管和转向节轴颈上。

（3）轮辋

有内胎轮胎与无内胎轮胎的轮辋结构不同，无内胎轮胎的轮辋为整体结构，比较简单；有内胎轮胎的轮辋一般由轮辋、挡圈和锁圈组成，如图 1 - 8 所示。其中，挡圈 1 为整体式，通过有一个开口的锁圈 2 防止挡圈脱出。

图 1 - 8　有内胎轮胎的轮辋
1—挡圈；2—锁圈；
3—轮辋；4—轮盘

1.1.5 认识轮辋的规格

在 ISO 国际标准中，汽车轮辋规格标记为：

轮辋名义宽度 × (－) 轮辋名义直径　字母

或者

轮辋名义直径　字母 × (－) 轮辋名义宽度

其中，数据单位为 in；中间的符号"×"表示一件式轮辋，"－"表示多件轮辋；轮辋名义直径相当于轮胎名义直径。

数字后面的字母 E、F、J、JJ、KB、L、V 等 13 种规格表示轮辋轮廓类型代号，轮廓类型代号包括了公差、轮辋深度及圆弧位半径等参数，具体数据可查找相关资料。其中，J 级在铝合金车圈中最常见。如果只有表示轮辋名义宽度和名义直径的数字，而后面没有表示轮缘轮廓的拉丁字母代号，则表示平底式宽轮辋。

有的轮辋还注明有安装平面的偏心距（有正有负）。

如丰田轿车的轮圈是 6.5 J×15，即：

6.5——轮辋名义宽度为 6.5 in；

J——轮廓类型代号是 J 级；

×—— 一件式轮辋（"－"表示多件式轮辋）；

15——轮辋名义直径为 15 in。

又如北京 BJ2020 型汽车轮辋为 4.50 E×16，即：

4.5——轮辋名义宽度是 4.50 in；

E——轮廓类型代号是 E 级；

×—— 一件式轮辋（"－"表示多件式轮辋）；

16——轮辋名义直径为 16 in。

回答下列问题

1. 轮胎横向花纹的主要优点：

　　　　　　　　　　　　　　　　　　　　　　　　　　　　　　　。

2. 轮胎纵向花纹的主要优点：

　　　　　　　　　　　　　　　　　　　　　　　　　　　　　　　。

3. 普通花纹与越野花纹在形状特点和性能上有什么不同？举出应用实例。

　　　　　　　　　　　　　　　　　　　　　　　　　　　　　　　

　　　　　　　　　　　　　　　　　　　　　　　　　　　　　　　。

4. 纵横向花纹和混合花纹在形状特点和性能上有什么不同？举出应用实例。

　　　　　　　　　　　　　　　　　　　　　　　　　　　　　　　

　　　　　　　　　　　　　　　　　　　　　　　　　　　　　　　。

5. 指出下列轮胎规格的意义。

PC 185/70 R 13 88 R 　　　　　　　　　　　　　　　　　　　。

700 R 14 8PR _____。

9. 00 R 15 _____。

9. 00 – 20 _____。

185/R 14 90 S _____。

6. 什么是车轮？为什么车轮是衡量整车质量和档次的主要象征之一？

_____

_____

_____。

7. 简要说明车轮、轮胎、轮辋、轮毂之间的关系。

_____

_____

_____。

8. 指出下列汽车轮辋标记的意义。

10 × 3. 50C：_____。

9. 00 – 20：_____。

8. 00 V – 22：_____。

15 × 5.5 JJ：_____。

完 成 下 列 任 务

1. 仔细观察各类汽车轮胎的花纹类型，写出 5 组汽车轮胎花纹特点，并分析该车行驶的路面条件和气候等使用状况。

2. 实际调查 8 组汽车轮胎的规格，写出它们的实际含义。

3. 仔细观察各类汽车轮辋类型和结构，写出 5 种轮辋的规格和材料，指出这些规格所代表的含义，并说明铝合金轮辋有什么优点及其主要应用在哪些地方。

活动 1. 2 实施轮胎拆装检查和动平衡作业

活 动 学 习 目 的

通过该活动的学习，使学生知道轮胎的维护内容，让学生学会轮胎的拆装和动平衡操作。具体现为：

1）知道一级轮胎和二级维护作业项目。

2）会轮胎换位。

3）会无内胎轮胎的拆装、分解和检查。

4）会轮胎动平衡作业。

5）知道轮胎常见故障及原因。

1.2.1 轮胎一级维护作业项目

轮胎的一级保养由维修工负责，主要作业项目有：

1）紧固轮胎螺母，检查气门嘴是否漏气、气门帽是否齐全，如发现损坏或缺少，则立即修理或补齐。

2）挖出夹石和花纹中的石子、杂物，如有较深伤洞，则应用生胶填塞。特别是子午线轮胎，刺伤后若不及时修补，会使水气进入胎体层锈蚀钢丝帘线，造成早期损坏。

3）检查轮胎磨损情况，如有不正常磨损或起鼓、变形等现象，应查找原因，予以排除。

4）如需检查外胎内部，应拆卸解体，如有损伤应及时修补。

5）检查轮胎搭配和轮辋、挡圈、锁圈是否正常。

6）检查轮胎（包括备胎）气压，如不符合要求，则按标准补足。

7）检查轮胎有无与其他机件刮碰现象，备胎架是否完好、紧固，如不符合要求，应予以排除。

8）必要时（如单边偏磨严重）应进行一次轮胎换位，以保持胎面花纹磨耗均匀。

1.2.2 轮胎二级维护作业项目

轮胎二级保养由维修工负责，除执行日常保养和一级保养各项作业项目外，还要进行以下操作。

1）拆卸轮胎，按轮胎标准测量胎面花纹磨耗、周长及断面宽的变化，作为换位和搭配的依据。

2）轮胎解体检查。

①胎冠、胎肩、胎侧及胎内有无内伤、脱层、起鼓和变形等现象。

②内胎、垫带有无咬伤、折皱现象，气门嘴、气门芯是否完好。

③轮辋、挡圈和锁圈有无变形、锈蚀，并视情况涂漆。

④轮辋螺栓承孔有无过度磨损或损裂现象。

3）排除解体检查所发现的故障后，进行装合和充气。

4）高速车应进行轮胎的动平衡。

5）按规定进行轮胎换位。

6）发现轮胎有不正常的磨损或损坏，应查找原因予以排除。

1.2.3 轮胎换位

1. 轮胎换位的意义

由于汽车前、后、左、右车轮在不同工作条件和负荷下工作，轮胎的磨耗情况各不相同。一般前轮驱动的车辆，前轮磨损几乎是后轮的 2 倍，而后轮驱动的车辆，后轮的磨损也比前轮要快很多；前轮是方向轮，胎肩的磨损要快于胎心；车辆因靠右侧行驶，路有弧度，故右轮磨损大于左轮。因此，应按汽车保养规定及时进行轮胎换位，一般是汽车行驶 5 000 ~ 10 000 km 时要进行一次轮胎换位。

2. 轮胎换位方式

（1）斜交线轮胎的换位方式

斜交线轮胎换位法有"循环换位法"和"交叉换位法"，交叉换位适用于经常在拱形较大的路面上行驶的汽车，循环换位适用于经常在较平坦道路上行驶的汽车。可根据具体情况选择一种进行，但一经选定后，应始终按所选方法换位，每次轮胎换位后须做好换位记录。

（2）子午线轮胎的换位方式

子午线轮胎胎体帘布的排列方向必须按旋转方向安装，否则帘布容易脱落，不同汽车的说明书中都提供有轮胎换位的方法，应该根据要求的换位方法进行，以保证轮胎的使用安全与寿命。

各类轮胎的换位方法如图 1 - 9 和图 1 - 10 所示。

1.2.4 无内胎轮胎拆装、分解与检查

1. 拆卸车轮

拆卸时先撬开车轮护盖，用专用轮胎扳手按对角线顺序旋松轮胎螺母半圈，然后用千斤顶或举升机顶起车轮，旋出轮胎螺母，卸下车轮。

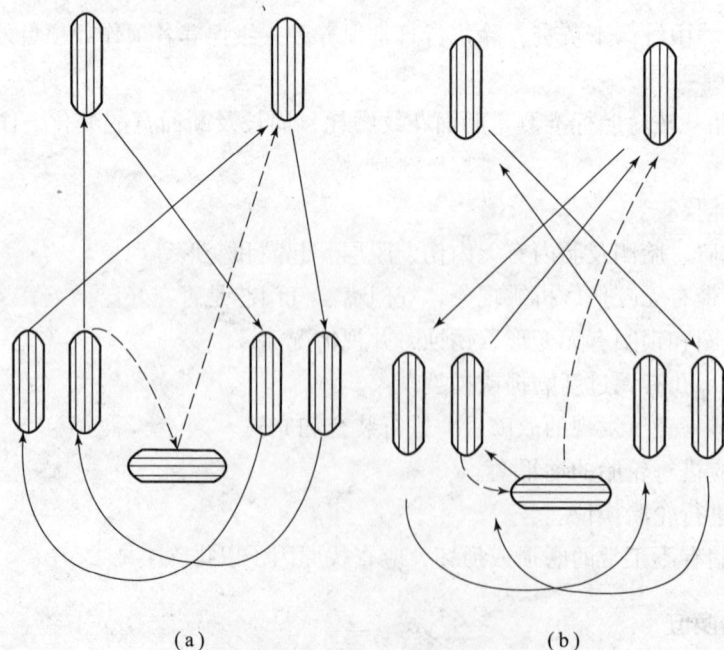

（a）　　　　　　　　　　（b）

图 1 - 9　六轮二轴斜交轮胎换位法

（a）斜交轮胎循环换位法；（b）斜交轮胎交叉换位法

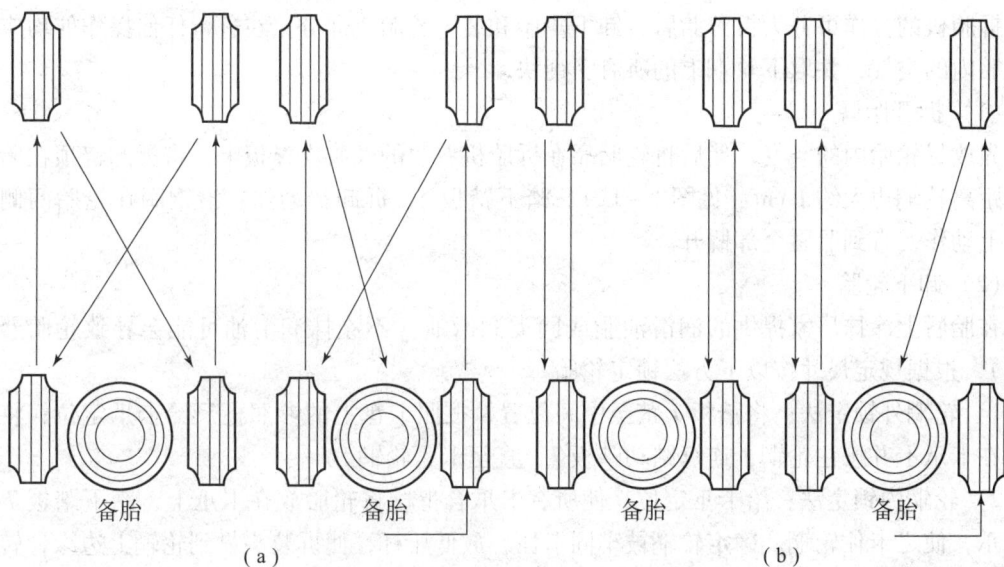

图 1 - 10　四轮二轴汽车轮胎换位法

（a）斜交轮胎交叉换位法；（b）子午线轮胎单边换位法

2. 分解轮胎

半自动轮胎拆装机的结构如图 1 - 11 所示。连接电源和压缩空气系统后，通过踏动设备上的 3 个踏板控制卡盘、卡爪和轮唇拆卸铲动作，各踏板的功能如下：

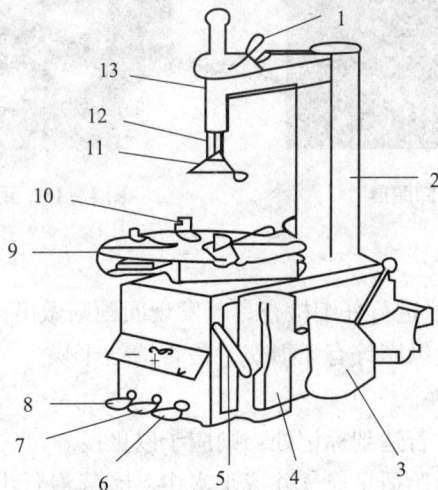

图 1 - 11　半自动轮胎拆装机结构

1—转动柄；2—立柱；3—拆卸铲；4—橡胶支撑板；5—撬杆；6—轮唇拆卸铲踏板；7—卡盘上的卡爪动作踏板；8—卡盘转动踏板；9—卡盘；10—卡爪；11—胎唇拆装头；12—压杆；13—横臂

踏板 8：向下踏下踏板 8，卡盘按顺时针方向旋转；向上抬起踏板 8，卡盘按逆时针方向旋转。

踏板 6：踏下踏板 6，轮唇拆卸铲动作；松开踏板 6，轮唇拆卸铲返回原位。

踏板 7：踏下踏板 7，卡盘上的卡爪打开；再踏一下，卡爪合上。

拆胎机的操作可分为拆开胎唇、卸下轮胎和装上轮胎 3 部分。在进行任何操作前均应放掉轮胎内的空气，并取下轮辋上的所有平衡块。

（1）拆开胎唇

先放尽轮胎内的空气，然后将轮胎靠在拆胎机右边的橡胶支撑板上，将拆卸铲顶在胎唇上，距离轮辋边大约 1 cm（见图 1-12）。踏下踏板 6，拆卸铲动作。沿钢圈在轮胎两侧重复以上动作，直到胎唇全部撬开。

（2）卸下轮胎

在胎唇上涂抹厂家提供的润滑油脂或同类润滑油（不涂抹润滑油可能会导致轮胎严重磨损），根据规定尺寸按以下方法锁定轮胎。

1）轮辋外锁定法：将踏板 7 踏至中间位置，按照卡盘上的参照标尺给卡爪定位；将轮胎放在卡爪上并按住轮辋，连续踏动踏板 7，直至卡紧轮辋。

2）轮辋内锁定法：给卡爪定位，使所有卡爪合上，将轮胎放在卡爪上，踏下踏板 7 打开卡爪，使之卡住轮辋。确定轮辋被牢固卡住，放低压杆，使拆装头靠到轮辋上边缘，转动转动柄，锁住水平及垂直臂，使拆装头距离轮辋 2 cm，将撬杆插到胎唇拆装头前端，用撬杆剥开胎唇（见图 1-13）。保持撬杆位置不变，踏下踏板 8，使卡盘顺时针旋转，直到轮胎与轮辋完全分开。取出内胎，抬起轮胎，使另一面与外轮辋分开。

图 1-12 拆卸胎唇

图 1-13 用撬杆剥开台唇

3. 检查轮胎

将拆下轮胎按照下述项目进行仔细检查，若发现问题则做出记号，以便处理解决。

1）轮辋外胎、轮辋、轮缘圈等有无损伤，是否清洁干燥。对有损伤、裂纹、腐蚀和挠曲变形的轮辋零件应予以更换。

2）检查花纹磨耗标记，若达到标记处，则应予以更换。

3）如果轮胎漏气，将内胎适量充气并置于水中，有气泡冒出则为漏气处，应修补或更换，潮湿的内胎经干燥后装用。

4）气门嘴内外螺纹应完好无损，不得滑丝和漏气。

5）和"O"形密封圈接触配合的部位以及锁圈、锁圈槽都应除锈，并清洗干净。

6）用钢丝刷除去轮辋、挡圈和锁圈上的锈迹，将内胎、衬带和外胎内侧擦拭干净，并干燥。

4. 安装轮胎

无内胎轮胎与有内胎轮胎的安装也有较大区别，安装无内胎轮胎需使用轮胎拆装机，其步骤为：

1）确认轮胎的平衡点标志，使平衡点位置与内胎气门嘴成180°安装，以保持车轮平衡。轿车轮胎平衡点标志一般用有颜色的胶料制成平行四边形、圆形、三角形或菱形符号，硫化在胎侧上。

2）将轮胎平整地放入轮辋内，并平放在拆装机工作台上，踩动顺时针开关，夹紧轮辋。

3）先装下胎侧：按下垂直立杆，让立杆机头靠近胎下钢圈内缘，并锁紧，在轮胎边缘刷上少许肥皂水，将撬棍从下方靠在小垫块上撬轮胎边缘，并踩动顺时针开关旋转轮胎，使轮胎边缘顺着机头前端挤进轮辋内。

注意：将轮胎边缘压在小垫块下，小心观察轮胎旋转情况，若胎缘被挤压，则立即松开左脚，停止旋转（否则胎侧会被挤坏），寻找原因，重新操作。

4）后装上胎侧：撬棍要紧靠在轮缘边，向下倾斜，轮胎和撬棍同时旋转。

注意：用力保持撬棍斜向下方。

5. 轮胎充气

给轮胎充气时要特别小心，应认真检查轮辋与轮胎是否相符，并检查轮胎的磨损情况，确认轮胎在充气前没有损坏。用充气枪给轮胎充气时应经常检查压力，严禁充气压力超过轮胎的额定压力。标准的轮胎拆装机都配有带气压表的充气枪，将充气枪接到轮胎气嘴上，扳动扳机即可给轮胎充气。

注意：不要超过轮胎制造商规定的压力。

1.2.5 轮胎动平衡作业

1. 轮胎平衡意义

根据机械旋转原理，旋转的轮子如果存在材质不均匀、轮子外形尺寸误差、装配误差以及结构形状等因素的影响，则轮子重心的主惯性轴线与旋转轴线不重合，轮子旋转时会产生不平衡的离心力，特别是高速运转的车轮，即使有极小的偏心矩也会引起很大的不平衡力，导致车轮的持续振荡，从而引起整车剧烈振动，加速悬架、转向系统部件和车轮内轴承的磨损，尤其是方向轮的振动还会导致方向盘明显抖动。

由此可见，车轮不平衡不仅会加剧本身的磨损，而且会殃及转向系、行驶系和传动系，导致行车不安全，哪怕只有20 g、30 g误差也会导致高速行车时车子严重抖动，造成危险。因此，轮胎平衡对汽车非常重要，为了避免或消除这种不平衡现象，就要对轮胎进行平衡测试和校正。

2. 校正轮胎平衡的方法

（1）在轮胎平衡机上进行动平衡校正

车轮在动态情况下，通过增加配重的方法，使车轮达到平衡，这个校正过程就是人们常说的动平衡。动平衡仪一般由驱动器、传感器、显示器三部分组成，其基本原理为：车轮不平衡引起振动，而振动速度正比于不平衡量的大小，速度传感器将车轮不平衡量转换为电信号，由数字显示不平衡量的大小。测出不平衡量后，就可以在轮圈边上适当位置嵌扣上平衡块，使轮子达到平衡。

为减小平衡块体积，应采用密度大的金属制作平衡块。平衡块一般用铅合金做成，重量以克为单位，共有 5 g、10 g、15 g 等十五六种规格。平衡块上有一个钢钩，可牢固地嵌扣在轮圈边缘上，有的平衡块直接粘在轮辋边缘上。

汽车轮胎动平衡机的检测分辨率并非越高越好，汽车一次紧急刹车引起的轮胎磨损能使平衡量变化达 1~2 g，不平衡量在 10 g 以下时不会有车轮振动的感觉，所以汽车轮胎动平衡的精度达到 ±5 g 时就可以满足实际需要了。

（2）在车轴上做静平衡试验

在轮胎平衡机上进行轮胎平衡方便、精确，但如果没有条件，也可以在汽车前轴上进行静平衡试验。

3. 轮胎动平衡仪主要结构

轮胎动平衡仪主要由驱动机构、转轴、显示与控制装置、车轮防护装置等组成。

（1）驱动机构

由电动机、传动装置构成，用于驱动转轴旋转，使安装在其上的车轮达到所要求的平衡转速。

（2）转轴

由两盘滚动轴承支承，两盘轴承内分别装有检测动反力的传感器，传感器产生的电信号输送至控制装置，转轴外端通过锥体和快速拆装螺母固定被测车轮。

（3）显示与控制装置

采用电脑式，将传感器传来的电信号通过电脑运算、分析、判断后，显示出不平衡量及相位。

测试仪控制面板及按键布置如图 1–14 所示。

各按键功能说明如下：

1）静态平衡专用键（STATIC）：用于测量静态不平衡值。

2）检测键（TEST）：用于自动校准、可编字符输入等。

3）铝合金钢圈平衡程序专用键（ALU）：有 4 种不同位置的平衡块可供选择。

4）启动键（START）：每次使用时必须按下此键。

5）增量键（+）：按下此键使被平衡车轮的直径、宽度或距离值增加。

6）减量键（–）：按下此键使被平衡车轮的直径、宽度或距离值减少。

7）不平衡值显示键（<5）：当平衡完毕显示"00"与"OK"时，如果想了解小于 5 g 的不平衡值，可按下此键。

8）车轮直径输入显示键：按"+""–"键可在 10~21 内调节。

9）车轮宽度输入显示键：按"+""–"键可在 3.5~12 内调节。

10）钢圈肩部与机体距离输入显示键：被平衡车轮安装后，按"+""–"键可在 0~6 内调节。

图1-14 测试仪控制面板及按键布置

1—车轮外侧不平衡质量显示屏；2—车轮内侧不平衡质量显示屏；3—车轮外侧不平衡位置显示屏；
4—车轮内侧不平衡位置显示屏；5—铝合金钢圈平衡程序选择显示屏；6—静态平衡专用键；7—检测键；
8—铝合金钢圈平衡程序专用键；9—启动键；10—增量键；11—减量键；12—不平衡值显示键；
13—车轮直径输入显示键；14—车轮宽度输入显示键；15—钢圈肩部与机体距离输入显示键；16—急停键

11）急停键（STOP）：在车轮平衡过程中出现意外情况时，按此键可使电动机停转。

（4）车轮防护罩

用于防止车轮旋转时车轮上的平衡块或花纹中的夹杂物飞出，其制动装置可使车轮停转。

4. 车轮动平衡操作

1）首先安装车轮，安装时先将弹簧、锥体（选择与被平衡车轮钢圈内孔相对应的锥体）套在匹配器上，再将车轮装到锥体上，装好压盖，然后用快速螺母锁紧（见图1-15）。安装高、中档轿车车轮时，可将锥体反向装入（见图1-16）。需要特别注意的是，无论采用哪种方法，快速螺母一定要锁紧，以防止车轮在旋转过程中窜动。

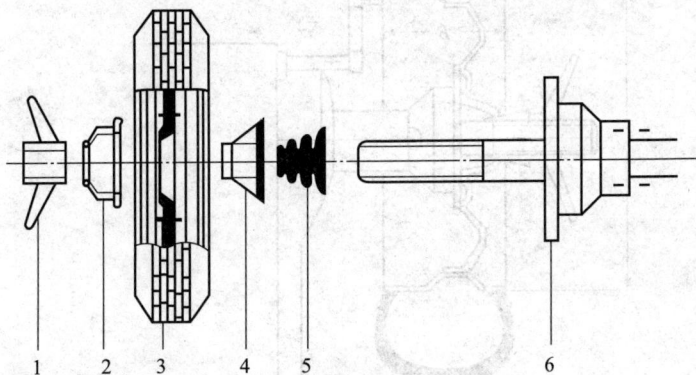

图1-15 安装轮胎到平衡仪

1—快速螺母；2—压盖；3—车轮；4—锥体；5—弹簧；6—匹配器

单元 1

汽车轮胎识别与维修

017

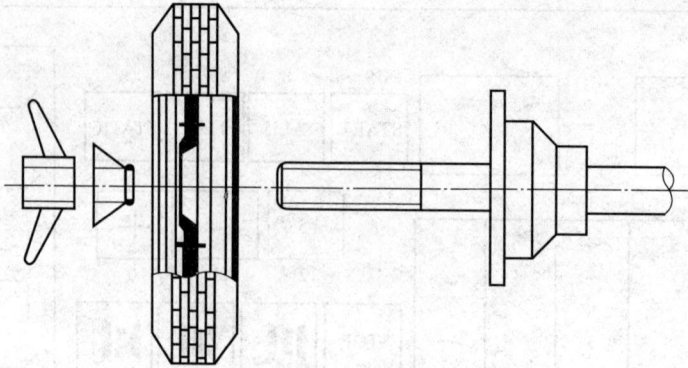

图 1－16　锥体反向安装

2）打开电源开关。

3）用卡规测量被平衡车轮钢圈的直径（也可以在轮胎上读取钢圈自径），按车轮直径输入显示键 13，显示屏显示一个初始值，按"＋"或"－"键，使之显示被平衡车轮钢圈的实际测量值。

4）用卡规测量被平衡车轮钢圈的宽度，按车轮宽度输入显示键 14，显示屏显示一个初始值，按"＋"或"－"键，使之显示被平衡车轮钢圈的实际测量值。

5）拉出测量标尺，测量钢圈肩部到机箱的距离，按钢圈肩部与机体距离输入显示键 15，显示屏显示一个初始值，按"＋"或"－"键，使之显示实际测量值，如图 1－17 所示。

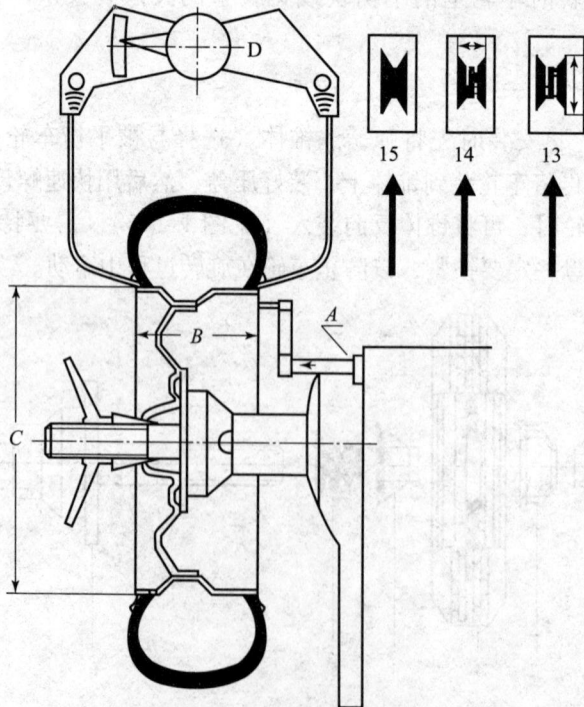

图 1－17　测量轮胎参数

A—用标尺测量钢圈肩部到机箱的距离；B—钢圈的宽度；

C—车轮钢圈的直径；D—卡规

6）按"START"键，平衡采样开始，传动部分带动车轮旋转，待自动停稳后，其结果显示在显示屏上。车轮外侧不平衡量由显示屏1显示，车轮内侧不平衡量由显示屏2显示。

7）用手缓慢转动车轮，当显示屏3左侧（车轮外侧不平衡量位置显示）出现点阵符时停止转动车轮，此时垂直于轴线上方的钢圈外侧位置是应配重的位置；当显示屏4右侧（车轮内侧不平衡量位置显示）出现点阵符时停止转动车轮，此时垂直于轴线上方的钢圈内侧位置是应配重的位置。找出合适的配重平衡块，嵌入车轮钢圈边缘，需要注意的是应先在不平衡较大的一侧进行平衡。

8）因为车轮并不是一个等方矩的圆，因此在第一次加配重平衡块后会产生一个新的不平衡量，一般需要进行1~2次，可平衡到10 g以下。当不平衡量小于5 g时，会显示"00"及"OK"字样。

1.2.6 轮胎常见故障及诊断

轮胎使用性能是以压缩空气的性质和内外胎的弹性为基础的。汽车轮胎承受与传递汽车和路面的全部作用力，在各种外力作用下产生复杂的变形，使轮胎温度升高、强度降低，最终导致轮胎失效。

汽车轮胎失效的主要形式有胎面磨损、帘线折断、胎冠割伤、胎口割裂以及胎体扎伤等。

1. 胎面磨损

导致胎面磨损的原因是轮胎与路面间的相对滑移和摩擦。汽车行驶时，胎面除了承受来自地面的垂直反力外，还承受胎体变形及车辆行驶时产生的切向力和横向反作用力，使得轮胎与地面的接触面间存在不同程度的整体或局部的相对滑移。胎面相对于路面的摩擦力越大，胎面的磨损就越大，即胎面磨损总量与胎面和路面之间的摩擦量成正比。

（1）轮胎胎冠中央早期磨损（见图1-18）

主要原因：轮胎的气压过足；使用过窄的轮辋等。

分析：因为气压过足和使用过窄的轮辋，会使胎冠的中间凸出，因而中间磨损较快。因此，应经常检查轮胎气压，且不使用过窄的轮辋。

（2）轮胎两边磨损过大（见图1-19）

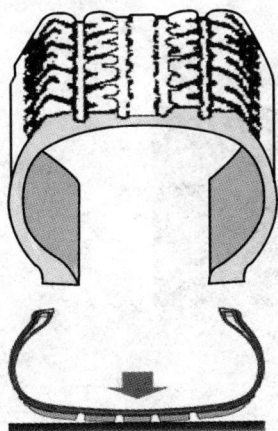

图1-18 轮胎中部磨损

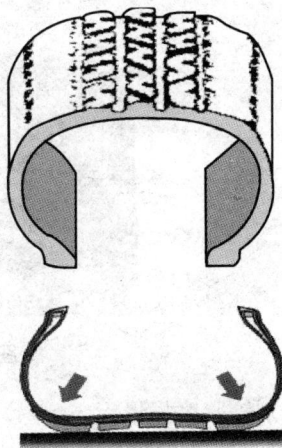

图1-19 轮胎两边磨损

主要原因：轮胎的气压不足；使用过宽的轮辋；换位不够；长期超负荷行驶等。

分析：充气量小或负荷大时，轮胎的两边与地面接触大而形成两肩早期磨损。因此，应保证轮胎胎压正常，选用合适轮辋，并避免超载行驶。

（3）轮胎的一边磨损量过大（见图1-20）

主要原因：车轮轴承松动、转向节主销衬套松旷、前轴弯曲变形等导致转向轮外倾角变化。

分析：转向轮外倾角过大时，转向轮外倾，其胎冠外侧受载加大而使磨损加剧；转向轮外倾角过小时，转向轮内倾，其胎冠内侧受载加大而使磨损加剧。

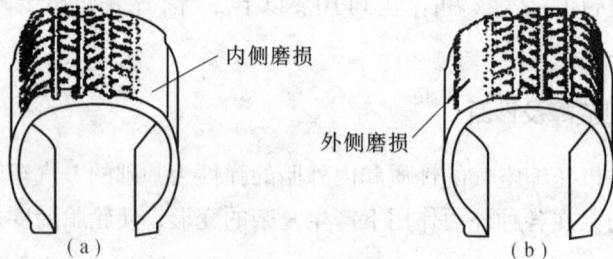

（a）　　　　　　　　　　　　　　（b）

图1-20　轮胎单边磨损

（4）轮胎胎面出现锯齿状磨损（见图1-21）

主要原因：前轮定位调整不当（前束不当）；前悬挂系统位置失常；球头松旷等。

分析：前轮定位调整不当或前悬挂系统位置失常、球头松旷等，使正常滚动的车轮发生横向滑动或行驶中车轮定位不断变动而形成轮胎锯齿状磨损。

当转向轮前束过大时，由于转向轮在外倾的同时向内偏斜滑移，结果使轮胎胎冠产生由外侧向内侧的锯齿状磨损；当转向轮前束过小时，由于转向轮运行中在外倾的同时向外偏斜滑移，结果使轮胎胎冠产生由内侧向外侧的锯齿状磨损。

图1-21　轮胎锯齿状磨损

（5）个别轮胎磨损量大

主要原因：个别车轮的悬挂系统失常；支撑件弯曲；个别车轮不平衡；车轮换位不够；车辆装载不当。

分析：出现这种现象，应检查磨损严重车轮的定位情况及平衡、独立悬挂弹簧和减振器的工作情况；同时轮胎运行里程过长又没有及时进行换位保养，轮胎经常处于单方向与路面摩擦，极易造成轮胎的不均匀磨损，应严格进行车轮换位。

装载要分布均匀，不可重心偏移，应保持货物平均分布，以防止货物偏载及汽车、挂车拖载大型货物；要固定牢靠，以防途中移位造成部分轮胎超载。

（6）轮胎胎面块状磨损（见图1-22）

主要原因：轮胎的静态不平衡；后轮前束不良等。

分析：轮胎局部出现面块状磨损亦称"秃斑现象"，产生的主要原因是轮胎平衡性差和定位不良。面块状磨损不太容易被发现，容易给行驶埋下隐患。若轮胎产生面块状磨损，车辆行驶中会产生抖动，因此，如果发现在某一个特定速度行驶有轻微抖动，就应该对车轮进行平衡，同时进行四轮定位，以防轮胎胎面出现斑秃形磨损。

图1-22 轮胎块状磨损

从上面分析可知：轮胎出现异常磨损，不仅仅是轮胎本身的原因，也可能是汽车技术状况出了问题，应全面分析。就像某人头昏脑痛，不一定是头有问题，而可能是另有原因。假如发现轮胎表面磨损情况不正常，在更换轮胎之前应该检查悬挂系统磨损情况，更换磨损零件，然后做一次定位和平衡，否则更换轮胎只是治标不治本，之后可能还会反复出现同一问题。

2. 帘线折裂与胎面脱空

主要原因：低压行驶；高速行驶；超载等。

分析：帘线折裂是胎体中帘线被折断，胎面脱空是橡胶、帘线或钢丝之间的结合被破坏，它们均属于轮胎的"内伤"，不易发觉，但会使轮胎的性能显著降低，后果很严重。

轮胎变形产生胎体内部拉伸、压缩应力，在多次拉压应力作用下引起材料疲劳，强度降低，当应力超过帘线强度时，帘线就会折断。

轮胎变形还使帘布层间产生剪应力，当此剪应力超过帘布与橡胶之间的附着力时，就会出现帘线松散或局部帘布脱层，产生胎面脱空。

轮胎温度过高是造成帘线折裂与胎面脱空的重要原因。汽车运行时，轮胎与路面、内外轮胎间、轮胎与轮辋间因摩擦产生热量，使轮胎聚热而升温，高温使轮胎材料的力学性能下降，加速胎面磨损，同时容易造成帘线松散、折断和帘布脱层，以致引起爆胎。因此，正确使用轮胎、防止轮胎温度过高是防止帘线折裂与胎面脱空的关键。

3. 胎侧帘线断裂

（1）胎侧结构

轮胎的胎侧大多是由 1~2 层尼龙帘线和胎侧胶构成的，主要起缓冲、减振作用，以提高行驶的舒适性。轮胎侧壁虽然不直接与路面接触，但它承受很大的压力，强度要求高，以保证轮胎在行驶时不产生太大变形、碰撞时不易受损、急转弯时能抵抗因横向加速力而产生的变形。同时，胎侧又是轮胎中性能最薄弱而又最凸出的部位，因而是最容易受到伤害的部位。据调查，报废轮胎中 31% 是因胎侧损伤，大于正常磨耗的数量。

（2）胎侧帘线断裂原因

主要原因：胎侧帘布层的衔接处没衔接好；轮胎受到巨大振击等。

分析：胎侧帘布层衔接处没衔接好属于"先天性缺陷"，是轮胎质量问题；当汽车碰到尖锐的砖角石块、超越障碍物、碾过凹凸不平的碎石路、陷入大坑或撞击马路牙等时，胎侧帘线因猛烈的冲击、碰撞、挤压而断裂。

4. 胎侧起泡（见图 1-23）

主要原因：因为轮胎内层有裂纹而造成气体通过裂纹达到表层，最终会导致轮胎"起泡"。

分析：胎侧帘线断裂，就会从断裂处起泡；轮胎掉入大坑等剧烈振动，造成内圈破裂，产生胎侧起泡；尤内胎轮胎胎口被割伤，由于无内胎轮胎是靠胎口和轮圈之间的严密咬合保证气密性的，故胎口一旦被割伤，被割伤的胎口处会窜气到胎侧，引起胎侧起泡。

5. 胎冠割伤（见图 1-24）

胎冠割伤和剥离是轮胎最常见故障之一，排在了轮胎故障的第二位，应尽量避免。

主要原因：路上的障碍物，如碎石、铁钉、玻璃片、角铁、石子路、未经铺设的路面等都容易引起胎冠割伤。

图 1-23　胎侧起泡　　　　图 1-24　胎冠割伤

6. 轮胎的胎体变形

主要原因：当轮胎存在钢带层箍得不紧、胎面胶与带束层或钢带层粘接不牢等质量问题时，在低压、远距离高速行驶中，胎肩产热，致使胎冠剥离，一旦轮胎急转弯、遇到凹凸路面或者冲击硬物时，就会导致带束层或钢带层错位，造成胎体变形。

分析：胎体变形从外观看就像被"拧"过一样，虽然从外观看轮胎并没有破裂，但轮胎的内部结构已被破坏，如同一个人受了内伤，从外表看并没有见到伤口或流血，但实际上已十分严重，极容易发生事故，应当立即更换。

7. 胎口割裂

主要原因：使用尖锐、锋利的工具装拆轮胎，或用力过猛时，极容易撬坏胎口；如果所使用的轮圈生锈或损坏，也会破坏轮胎的胎口。

分析：无内胎轮胎为了保证气密性，轮辋的外沿与胎口配合是相当紧密的，所以装拆轮胎比较困难，应使用轮胎拆装机，避免不规范操作；应避免使用生锈和损坏的轮圈，以防止伤害轮胎。

8. 无内胎轮胎漏气

主要原因：轮胎表面刺穿；胎口割伤；气门零件松开或损坏；密封圈尺寸不适合或损坏；轮辋破裂或焊接部分有砂眼；胎口老化；胎圈密封胶条及钢丝圈损坏或硬化等。

分析：胎圈橡胶密封层磨损引起漏气是比较多的，胎圈上环形密封沟槽在车轮滚动时，沟纹很快被磨损，空气渗入胎圈下部通过裸露的布层传向帘布层，从而引起趾口脱空，密封失效。

无内胎轮胎由于没有内胎，故其气密性主要靠胎口保证，在装拆轮胎时，一定要使用轮胎拆卸机，不能使用尖锐的工具。

9. 轮胎"平点"

轮胎"平点"是指轮胎和地面接触之处变成扁平块，轮胎失去圆度。

主要原因：

1）冬天早晨汽车刚开动时，有时会感到轻微的颤动，这是因为气温太低时胎体中的尼龙帘线在低温下失去了柔软性，长时间停车会使轮胎的骨架——尼龙帘线的接地部分变形，形成"平点"。

2）汽车长距离高速行驶后停车，发热的轮胎冷却后就会产生"平点"。

3）汽车长期停置不用也会产生轮胎"平点"。

分析：轮胎"平点"会导致汽车在行驶中产生振动，影响行驶的平稳和安全。

轮胎"平点"一般会在行驶 20~25 km 之后重新变热消失，因此长时间停驶的汽车开动时，刚开始应低速行驶一段时间。但当胎体中的尼龙帘线因长时间变形而不能恢复时，轮胎就不能再使用了。

10. 爆胎

爆胎、疲劳驾车与超速行驶并列为中国道路交通的三大杀手，国内高速路上由爆胎引发的交通事故占 70%，同时国内保险公司对爆胎事故不做理赔。

主要原因：一旦轮胎使用、保养不当，带伤行驶，在超负荷、高速、远距离等恶劣情况下行驶时，极可能产生爆胎。就像一个人带病工作一样，一旦工作紧张或劳累时，就可能产生严重后果。

分析：轮胎胎面有裂伤或小洞后，要及时修补，否则日久天长，石子、泥沙等杂物在小洞内积压过多后，向小洞四周压延扩大，将会造成爆胎隐患；高速、长途行驶前，要仔细检查轮胎；要避免汽车胎压过高时超负荷高速行驶；发现轮胎有鼓包，应及时检查更换。

11. 轮胎的质量原因

以上是轮胎使用中产生的问题，但有些轮胎问题属于轮胎本身质量问题，主要有：胎冠花纹橡胶裂口，产生漏气；胎侧裂开不规则的小口子；轮胎因为老化或胎面胶质量差，制动时胎面胶大块大块地掉下来；胎侧部自然脱皮；胎肩部与胎冠部结合部分自然脱裂等，都属于轮胎的质量问题。

回答下列问题

1. 什么时候要进行轮胎平衡校正？轮胎平衡校正的方法主要有哪些？分别在什么情况下选用？

_____

_____

_____。

2. 轮胎为什么要换位？什么时候进行轮胎换位？轮胎换位有什么要求？

_____

_____

_____。

3. 安装车轮，拧紧轮胎螺母时要注意什么？

_____

_____。

4. 轮胎胎面两肩快速磨损的原因是什么？

_____

_____。

5. 轮胎胎面中间出现白色痕迹的原因是什么？

_____

_____。

6. 胎面出现裂纹的原因是什么？

_____

_____。

7. 轮胎胎面出现单边磨损的原因是什么？

_____

_____。

8. 个别轮胎磨损量大的原因是什么?

_____

_____。

9. 产生轮胎"平点"的原因是什么?

_____

_____。

10. 锯齿状磨损与波纹状磨损在形状和产生原因上有什么区别?

_____

_____。

11. 轮胎胎面出现内侧磨损和外侧磨损在产生原因上有什么区别?

_____

_____。

12. 汽车在哪些情况下会造成胎侧损伤?胎侧损伤应怎样处理?汽车开上马路牙应注意什么?

_____

_____。

13. 为什么轮胎出现问题往往是汽车状况出了问题?汽车出现哪些状况会对轮胎造成损坏?

_____

_____。

完 成 下 列 任 务

1. 将汽车轮胎日常保养及一级、二级保养的主要内容填入表 1-1。

表 1-1 日常保养及一级、二级保养的主要内容

日常保养	一级保养	二级保养

2. 实施无内胎轮胎的拆卸、分解、装配和装车作业。

单元 1 汽车轮胎识别与维修

3. 实施轮胎的动平衡作业。

4. 实施轮胎的换位作业。

单元学习鉴定表

你是否在教师的帮助下成功地完成了单元学习目标所设计的学习活动	
	肯定回答
专业能力	肯定回答
正确识别轮胎规格型号	
正确识别车轮规格型号	
实施轮胎拆装检查作业	
实施轮胎动平衡作业	
正确实施轮胎换位作业	
关键能力	肯定回答
你是否根据已有的学习步骤、标准完成了资料的收集、分析和组织工作	
你是否通过标准有效和正确地进行交流	
你是否按计划有组织地进行活动,是否朝学习目标努力	
你是否尽量利用学习资源完成学习目标	
完成情况 所有上述表格必须是肯定回答。如果不是,应咨询教师是否需要增加学习活动,以达到要求的技能。 教师签字＿＿＿＿＿＿＿＿＿＿＿＿＿＿＿＿＿＿＿ 学生签字＿＿＿＿＿＿＿＿＿＿＿＿＿＿＿＿＿＿＿ 完成时间和日期＿＿＿＿＿＿＿＿＿＿＿＿＿＿＿	

单元 2
汽车悬架系统维修

单元学习目标

通过本单元的学习，掌握悬架系统的有关知识并能够识别各工作部件。具体表现为：

1) 认识悬架系统的类型及组成。
2) 认识组成悬架系统各部件的作用和工作过程。
3) 认识悬架常见类型的布置方式。
4) 完成悬架系统的保养维护。
5) 完成悬架系统的拆卸程序。
6) 完成悬架系统零件的检修程序。

学习资源

1) 各类汽车维修手册。
2) 各种介绍悬架系统结构原理的书籍。
3) 有关职场健康与安全法律、法规。
4) 汽车维修设备使用说明书和安全操作规定。

可供学习的环境和使用的设备

1) 车间或模拟车间。
2) 个人防护用品、用具。
3) 汽车维修检测设备和工具。
4) 安全的工作环境和工作场所。
5) 教学用车及各种类型的悬架。

单元学习活动

◇ 活动 2.1　识别悬架系统的作用、组成和类型
◇ 活动 2.2　识别减振器的类型与工作过程
◇ 活动 2.3　弹性元件的类型和工作原理

实施 汽车转向与悬架系统维修

◇ 活动 2.4 识别悬架系统类型和特点
◇ 活动 2.5 实施悬架系统车上基本检查程序
◇ 活动 2.6 实施轿车悬架系统拆装检查程序
◇ 活动 2.7 完成轿车悬架系统零件检修程序
◇ 活动 2.8 悬架系统常见故障及排除
◇ 活动 2.9 电子控制悬架系统故障诊断与检修

单元学习鉴定表

活动2.1 识别悬架系统的作用、组成和类型

活动学习目的

通过该活动的学习，使学生知道悬架系统的作用，认识悬架系统的组成和类型。具体表现为：

1）知道悬架系统的概念。
2）知道悬架系统的作用。
3）认识悬架系统的组成。
4）识别独立悬架和非独立悬架。
5）认识被动悬架、半主动悬架和主动悬架。

学习信息

舒适性是轿车最重要的使用性能之一。舒适性与车身的固有振动特性有关，而车身的固有振动特性又与悬架的特性相关，所以汽车悬架是保证乘坐舒适性的重要部件。同时，汽车悬架不仅是车架（或车身）与车轴（或车轮）之间传力的机件，也是保证汽车行驶安全的重要部件。因此，汽车悬架往往列为重要部件编入轿车的技术规格表，作为衡量轿车质量的指标之一。

2.1.1 悬架的作用

汽车车架（或车身）若直接安装于车桥上，由于道路不平地面冲击会使人感到十分不舒服或者使货物损坏。

汽车悬架是车架（或车身）与车轴之间弹性连接装置的统称，其作用如下：

1）弹性地连接车桥和车架（或车身），缓和行驶中车辆受到的冲击力，保证货物完好和人员舒适。

2）衰减由于弹性系统引进的振动，使汽车行驶中保持稳定的姿势，改善操纵稳定性。

3）悬架系统将垂直反力、纵向反力（牵引力和制动力）和侧向反力以及这些力所造成的力矩作用到车架（或车身）上，以保证汽车行驶平顺。

4）悬架可以使车轮按一定轨迹相对车身跳动，起导向作用。

2.1.2 悬架系统的组成

悬架一般由弹性元件、导向机构、减振器和横向稳定杆组成，如图2-1所示。

弹性元件——承受并传递垂直载荷，缓和由于路面不平引起的对车身的冲击。

导向机构——传递车轮与车身间的力和力矩，同时保持车轮按一定运动轨迹相对车身跳动。

减振器——用来加快衰减由弹性系统引起的振动，使车身和车轮的振动得以控制。

横向稳定杆——防止车身在不平路面上行驶或转向时发生过大的横向倾斜。

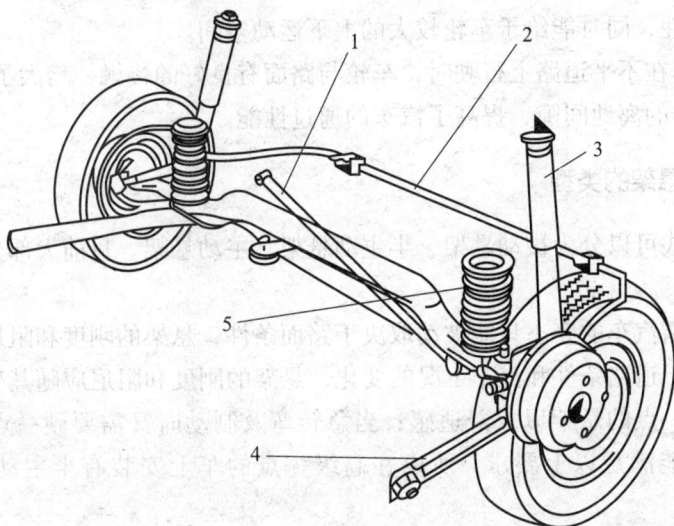

图2-1 悬架的组成

1—横向推力杆；2—横向稳定杆；3—减振器；4—纵向推力杆；5—弹性元件

2.1.3 汽车悬架的形式

汽车悬架的形式分为非独立悬架和独立悬架两种。

1. 非独立悬架

非独立悬架的车轮装在一根整体车轴的两端（见图2-2（a）），当一边车轮跳动时，会影响到另一侧车轮也做相应的跳动，使整个车身振动或倾斜，汽车的平稳性和舒适较差。

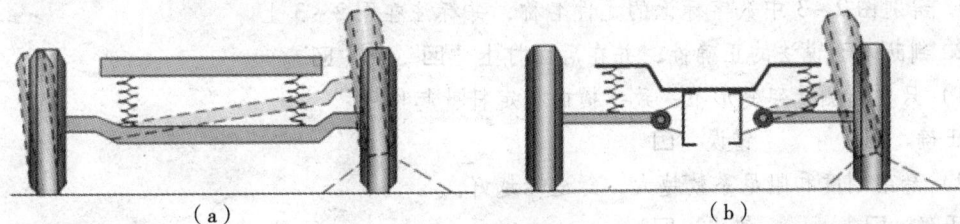

（a）   （b）

图2-2 悬架的形式

（a）非独立悬架；（b）独立悬架

2. 独立悬架

独立悬架的车轴分成两段，每只车轮用螺旋弹簧或扭杆弹簧独立地安装在车架（或车身）下面（见图2-2（b）），当一侧车轮发生跳动时，另一侧车轮不受影响，汽车的平稳性和舒适性好。

独立悬架具有的优点：

1）两侧车轮可以单独运动而互不影响，这样可减少车架和车身在不平道路上行驶时的振动。

2）可以提高汽车的平均行驶速度。

3）由于采用断开式车桥，故发动机位置可降低和前移并使汽车重心下降，有利于提高汽车行驶的稳定性，同时能给予车轮较大的上下运动空间。

4）保证汽车在不平道路上行驶时，车轮与路面有良好的接触，增大了驱动力。

5）增大汽车的离地间隙，提高了汽车的通过性能。

2.1.4 汽车悬架的类型

按照控制形式可以分为被动悬架、半主动悬架、主动悬架。目前大部分汽车都采用被动悬架。

被动悬架是指汽车的姿态只能被动取决于路面条件，悬架的刚度和阻尼不能根据路面状况进行调整。由于道路条件和汽车工况的变化，悬架的刚度和阻尼应随其变化而变化，一般行驶时需要柔软一点的悬架以求舒适感；当急转弯及制动时又需要硬一点的悬架以求稳定性。被动悬架不能满足以上要求，所以在高级一点的车上安装有半主动悬架和主动悬架系统。

半主动悬架就是通过传感器感知路面平坦情况的参数，调整悬挂系统的阻尼，但是悬架刚度是不能调整的，由此来稳定行车状态。

主动悬架是悬架的刚度与阻尼可以根据路面状态和汽车工况进行调整。有作为直接力发生器的动作器，可以根据输入与输出进行最优的反馈控制，使悬架有最好的减振特性，以提高汽车的平顺性和操纵稳定性。主动悬架的一个重要特点就是，它要求动作器所产生的力能够很好地跟踪任何力控制信号。

◦◦回答下列问题

1. 辨别图2-3中数字标记的元件名称，并标注在图2-3上。

2. 判断下面说法的正确性，并在后面打上"☒"或"☑"。

1）只要两侧悬架变形不一致，横向稳定杆就起作用。

正确 □　　　　错误 □

2）悬架刚度和阻尼系数越大，舒适性越好。

正确 □　　　　错误 □

3）纵向推力杆属于导向机构。

正确 □　　　　错误 □

4) 弹性元件的作用是衰减振动。

正确 ☐　　　错误 ☐

5) 大部分载货汽车都使用独立悬架，这样可以提高汽车的通过性能。

正确 ☐　　　错误 ☐

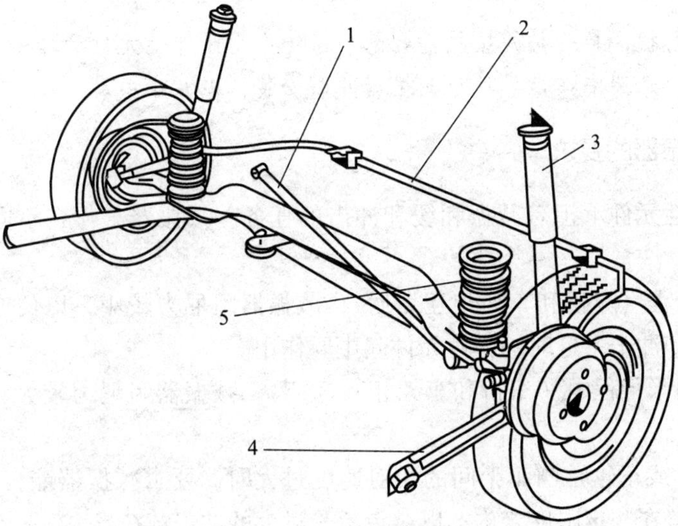

图 2-3　悬架组成

3. 独立悬架和非独立悬架的区别是什么？列出独立悬架的优点。

_____

_____。

4. 主动悬架、被动悬架和半主动悬架的区别是什么？

_____

_____。

完成下列任务 🖊

对照教师提供的悬架实物识别悬架各部分组件，并口述各组件的定义和作用。

⚙ **活动2.2　识别减振器的类型与工作过程**

🏁 活动学习目的

通过该活动的学习，使学生知道悬架系统中减振器的作用及工作原理，具体表现为：

1) 知道减振器的作用。

2）知道不同条件对减振器的要求。

3）认识减振器的类型及工作原理。

学习信息

减振器形似筒状，是一种减振元件。悬架系统中由于弹性元件受冲击产生振动，为改善汽车行驶平顺性，悬架中弹性元件与减振器并联安装，以减小振动。

2.2.1 对减振器的要求

减振器与弹性元件承担着减振和缓和冲击的任务。减振器工作在不同状态下有不同的要求：

1）在压缩行程（车桥和车架相互靠近），减振器阻尼力较小，以便充分发挥弹性元件的弹性作用，缓和冲击。这时，弹性元件起主要作用。

2）在悬架伸张行程中（车桥和车架相互远离），减振器阻尼力较大，以达到迅速减振的目的。

3）当车桥（或车轮）与车架间的相对速度过大时，要求减振器能自动加大液流流量，使阻尼力始终保持在一定限度之内，以避免承受过大的冲击载荷。

2.2.2 减振器的类型

在汽车悬架系统中广泛采用的是筒式减振器，且在压缩和伸张行程中均能起减振作用（即双向作用式减振器），还有的采用新式减振器，如充气式减振器和阻力可调式减振器。目前汽车上广泛采用双向作用筒式减振器。

1. 双向作用式减振器

（1）双向作用筒式减振器的结构

双向作用筒式减振器（见图2-4（a））主要由活塞杆1、活塞3、工作缸筒2以及四个阀，即压缩阀6、伸张阀4、流通阀8和补偿阀7组成。

流通阀和补偿阀是一般的单向阀，其弹簧很弱，当阀上的油压作用力与弹簧力同向时，阀处于关闭状态，完全不通液流；而当油压作用力与弹簧力反向时，只要有很小的油压，阀便能开启。

压缩阀和伸张阀是卸载阀，其弹簧较强、预紧力较大，只有当油压增高到一定程度时，阀才能开启；而当油压减低到一定程度时，阀即自行关闭。

（2）双向作用筒式减振器的减振原理

压缩行程（指汽车车轮移近车身）时：减振器受压缩，此时减振器内活塞3向下移动。活塞下腔室的容积减少，油压升高，油液流经流通阀8流到活塞上面的腔室（上腔）。上腔被活塞杆1占去了一部分空间，因而其增加的容积小于下腔减小的容积，则一部分油液推开压缩阀6，流回储油缸5。这些阀对油的节流作用形成悬架受压缩运动的阻尼力。

伸张行程（车轮相当于远离车身）时：减振器受拉伸，这时减振器的活塞向上移动。活塞上腔油压升高，流通阀8关闭，上腔内的油液推开伸张阀4流入下腔。由于活塞杆的存在，自上腔流来的油液不足以充满下腔增加的容积，使下腔产生一真空度，这时储油缸中的油液推开补偿阀 7 流进下腔进行补充。这些阀的节流作用对悬架在伸张运动时起到阻尼作用。

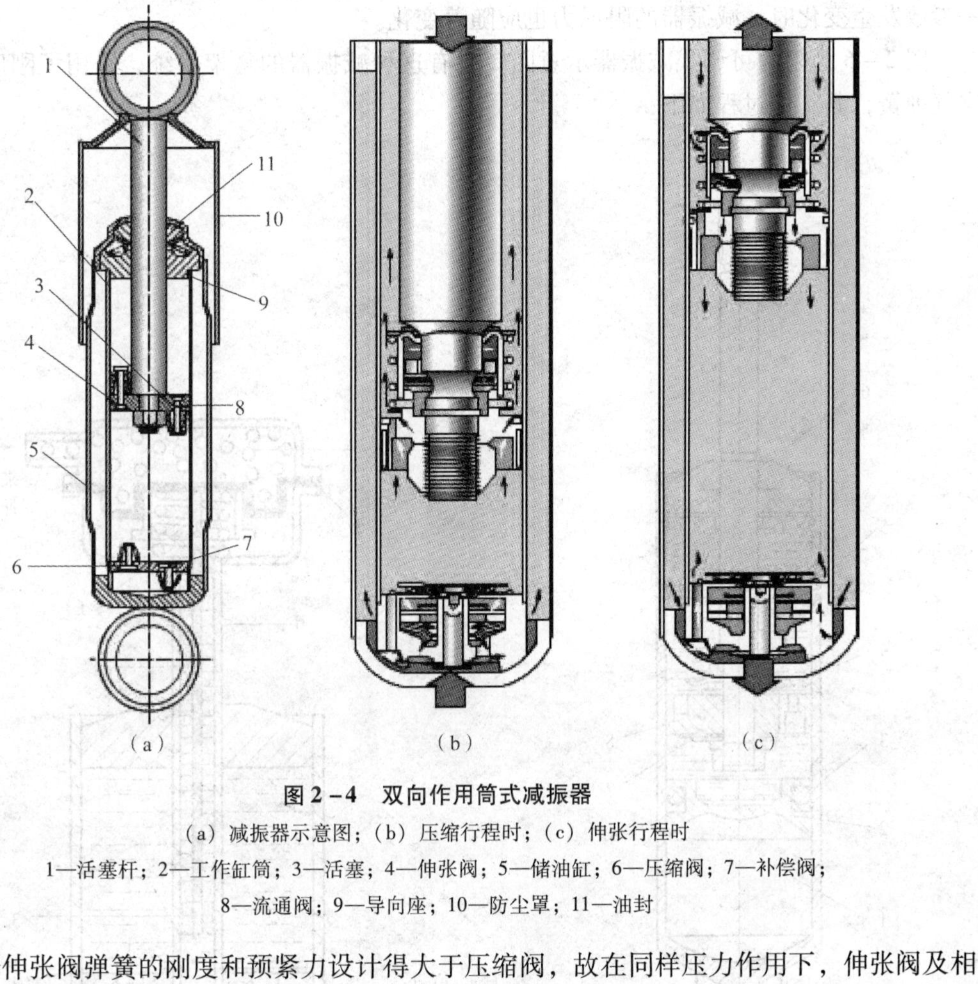

图 2-4　双向作用筒式减振器

（a）减振器示意图；（b）压缩行程时；（c）伸张行程时

1—活塞杆；2—工作缸筒；3—活塞；4—伸张阀；5—储油缸；6—压缩阀；7—补偿阀；
8—流通阀；9—导向座；10—防尘罩；11—油封

由于伸张阀弹簧的刚度和预紧力设计得大于压缩阀，故在同样压力作用下，伸张阀及相应常通缝隙的通道截面积总和小于压缩阀及相应常通缝隙的通道截面积总和。这使得减振器伸张行程产生的阻尼力大于压缩行程的阻尼力，以达到迅速减振的要求。

2. 充气式减振器

（1）充气式减振器结构特点

充气式减振器（见图 2-5）的结构特点是在钢筒下部装有一个浮动活塞 2，在密封气室 1 中充有高压氮气（2～3 MPa）。在浮动活塞的上面是减振器油液。

（2）充气式减振器减振原理

浮动活塞上装有 O 形密封圈，它把油、气完全隔开。工作活塞 8 上装有随其运动速度大小而改变通道面积的压缩阀 4 和伸张阀 7。

当车轮上下跳动时，减振器的工作活塞在油液中做往复运动，使工作活塞的上腔和下腔之间产生油压差，压力油便推开压缩阀和伸张阀而来回流动。由于阀对压力油产生了较大的阻尼力，故使振动衰减。由于气体的可压缩性，故可以弥补下腔容积的变化，即不用再设补偿阀和储油缸筒，气体还可以起弹簧的作用以缓和冲击。

3. 阻力可调式减振器

悬架系统中的阻尼力特性应是随着道路条件及车辆载荷的变化而改变，当悬架系统的某一参数发生变化时，减振器的阻尼力也应随着变化。

图 2-6 为阻力可调式减振器示意图。装有这种减振器的悬架系统，采用了刚度可变的空气弹簧，其工作过程如下：

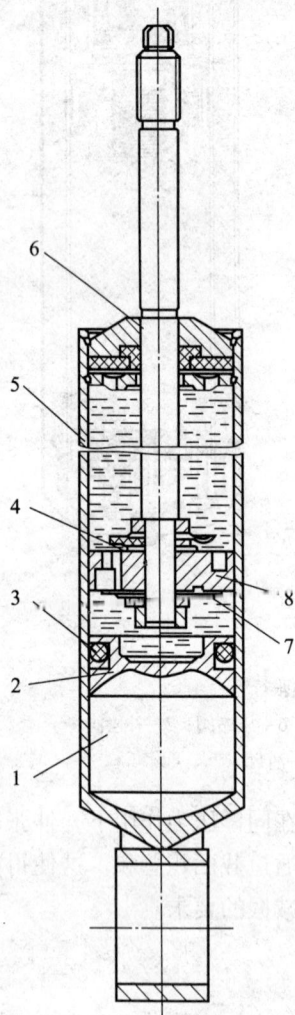

图 2-5　充气式减振器
1—密封气室；2—浮动活塞；3—O 形密封圈；
4—压缩阀；5—工作缸；6—活塞杆；
7—伸张阀；8—工作活塞

图 2-6　阻力可调式减振器
1—弹簧；2—柱塞杆；3—柱塞；
4—节流孔；5—活塞；
6—空心连杆；7—气室；8—膜片

当汽车载荷增加时，空气囊中的气压升高，气室 7 内的气压也随着升高，膜片向下移动，与弹簧 1 产生的压力相平衡。同时，膜片带动与它相连的柱塞杆 2 和柱塞 3 下移，因而使得柱塞相对空心连杆 6 的节流孔 4 的位置发生变化，减小了节流孔的通道截面积，即减小了油液流经节流孔的流量而增加了油液流动阻力。

当汽车载荷减小时，柱塞上移，增大了节流孔的通道截面积，减小了油液的流动阻力，即通过该过程达到了改变减振器阻尼力的目的。

回答下列问题

1. 说出减振器在压缩行程和伸张行程时对阻尼力的要求。双向作用筒式减振器是如何实现在压缩行程和伸张行程的阻尼力变化的？

_____

_____

_____。

2. 阻力可调式减振器是如何根据载荷的变化而改变阻尼力的？

_____

_____

_____。

完成下列任务

1. 根据教师提供的减振器，说出其各部分的名称及作用。
2. 在剖开的减振器上说出在压缩行程和伸张行程时液体的流动方向。

⚙ 活动 2.3 弹性元件的类型和工作原理

活动学习目的

通过该活动的学习，使学生知道悬架系统弹性元件的作用和种类，识别不同类型悬架弹性元件的布置形式：
1）知道钢板弹簧的结构和原理。
2）知道螺旋弹簧的结构和原理。
3）知道扭杆的结构和原理。
4）知道空气弹簧的结构和原理。
5）知道橡胶弹簧的作用。

学习信息

2.3.1 钢板弹簧

钢板弹簧又叫叶片弹簧，它是由若干不等长的合金弹簧片叠加在一起组合成的（见图2-7），常用在载货汽车上。

（1）钢板弹簧的结构

钢板弹簧的第一片（最长的一片）称为主片，其两端弯成卷耳，两端卷耳可以与车架上的钢板弹簧支架或吊耳相连，中心螺栓用来连接各弹簧片，并保证各片装配时的相对位置。其特点是可以支撑大负荷。

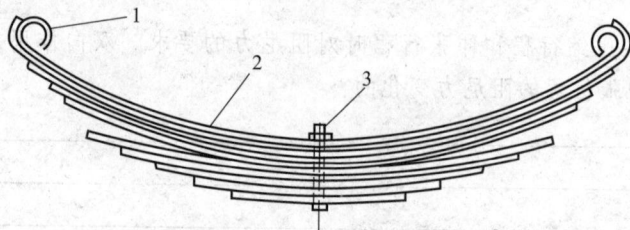

图 2-7 钢板弹簧
1—卷耳；2—主片；3—中心螺栓

（2）钢板弹簧的减振原理

钢板弹簧在载荷作用下变形，各片之间因相对滑动而产生摩擦，可促使车架的振动衰减。钢板弹簧本身还兼起导向机构的作用，可不必单设导向装置。

2.3.2 螺旋弹簧

螺旋弹簧非独立悬架一般只用作轿车的悬架。图 2-8 所示为一汽奥迪 100 型汽车后悬架的构造。

减振器下端的吊耳和后桥相连，上端固定在弹簧上座上。减振器的外面装有防尘罩，螺旋弹簧就固定在弹簧上、下座上。弹簧下座固定在和车身相连的连接件上。

（1）螺旋弹簧优点

螺旋弹簧（见图 2-8）是缓冲元件，它具有无须润滑、不怕污垢、质量小且占空间小的优点。弹簧直径和螺距发生变化，使弹簧在轻载荷下较软、大载荷下较硬。

（2）减振原理

当路面对轮子的冲击力传到螺旋弹簧时，螺旋弹簧产生变形，吸收轮子的动能，转换为螺旋弹簧的位能（势能），从而缓和了地面冲击对车身的影响。

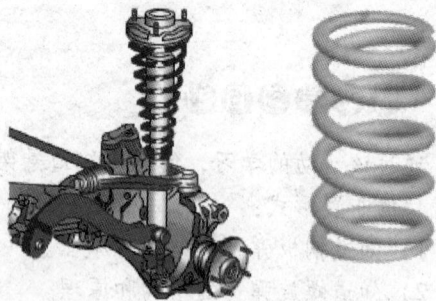

图 2-8 一汽奥迪 100 型汽车后悬架构造

螺旋弹簧本身不消耗能量，储存了位能的弹簧将恢复原来的形状，把位能重新变为动能。如果单独使用弹簧而没有减振元件，一些轻型汽车就会像杂技演员跳"蹦蹦床"一样，受到一次冲击后连续不断地上下运动。螺旋弹簧本身没有减振作用，因此在螺旋弹簧悬架中必须另装减振器，又因为螺旋弹簧只承受垂直载荷，故还要加导向机构。

2.3.3 扭杆弹簧

扭杆弹簧一端与车架固定连接，另一端与悬架摆臂连接，通过扭杆的扭转变形来达到缓冲的作用（见图 2-9）。

汽车运行时，车轮受地面凹凸的影响上下运动，控制臂也会随之上升或下降。当车轮向上时，控制臂上升，使扭杆被迫扭转变形，吸收冲击能量。当冲击力减弱时，由于杆的自然还原能力，其能迅速恢复到它原来的位置，使车轮回到地面，避免车架受到颠簸。

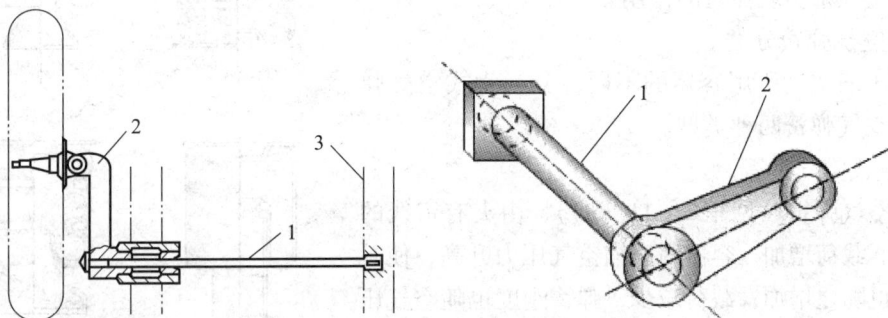

图 2 - 9　扭杆弹簧
1—扭杆；2—摆臂；3—车架

扭杆弹簧的优点：质量轻于钢板弹簧，而且无须润滑，保养维修简便。扭杆弹簧单位质量的储能量较大，占用的空间最小，易于布置，还可以适度调整车身的高度。

2.3.4　空气弹簧

汽车在行驶时由于载荷和路面的变化，要求悬架刚度随之变化。对于轿车，要求在好路上降低车身高度，以提高行驶速度；在坏路上提高车身，以增大通过能力。即要求车身高度可随使用要求进行调节。空气弹簧非独立悬架可以满足以上要求。

如图 2 - 10 所示，空气弹簧 5 的上下端分别固定在车架和车桥上。经压气机 1 产生的压缩空气通过油水分离器 10 和压力调节器 9 进入储气筒 8。储气筒通过管路与 2 个空气弹簧相通。储气筒和空气弹簧中的空气压力由车身高度控制阀 3 控制，空气弹簧只承受垂直载荷，因而必须加设减振器，其纵向力和横向力及其力矩由悬架中的纵向推力杆和横向推力杆来传递。

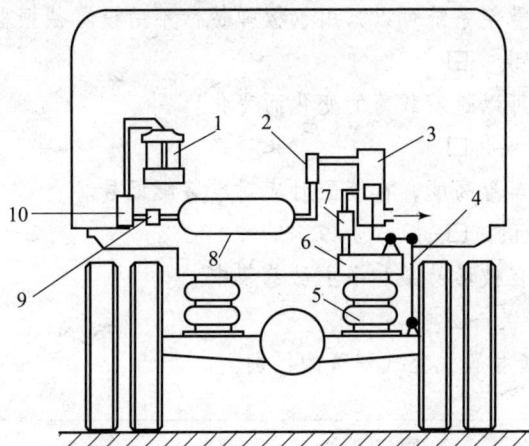

图 2 - 10　空气弹簧非独立悬架
1—压气机；2，7—空气滤清器；3—车身高度控制阀；4—控制杆；5—空气弹簧；
6—储气罐；8—储气筒；9—压力调节器；10—油水分离器

（1）空气弹簧原理

空气弹簧是以空气作弹性介质，即在一个密闭的容器内装入压缩空气（气压为 0.5～1 MPa），利用气体的可压缩性来实现弹簧的作用。

（2）空气弹簧分类

根据压缩空气所用容器的不同，分为囊式空气弹簧和膜式空气弹簧两种类型。

1）囊式空气弹簧。

囊式空气弹簧（见图 2-11（a）），由夹有帘线的橡胶组成。载荷增加，容器内压缩空气压力升高，使其弹簧刚度也随之增加；载荷减少，弹簧刚度也随空气压力减少而下降。

2）膜式空气弹簧。

膜式空气弹簧（见图 2-11（b）），由橡胶模片和金属压制件组成。它比囊式空气弹簧的弹性曲线更为理想，固有频率更低，且尺寸小，便于布置，故多用于轿车上。但其造价高，寿命较短。

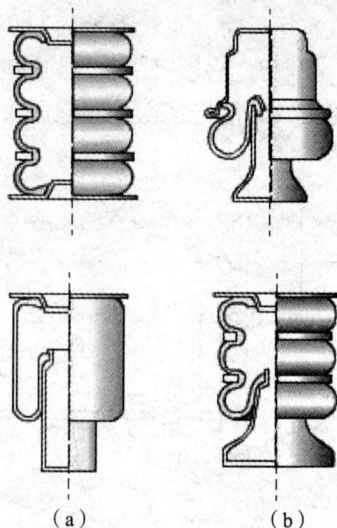

图 2-11　空气弹簧
（a）囊式空气弹簧；（b）膜式空气弹簧

2.3.5　橡胶弹簧

橡胶弹簧利用橡胶本身的弹性起弹簧作用，但橡胶弹簧不起支撑重载荷的作用。其在悬架系统中主要用于限位，用以制作悬架部件的衬套、垫片、挡块等。

🚚 回答下列问题

1. 判断下面说法的正确性，并在后面打上"☒"或"☑"。

1）在载货汽车上的悬架系统可以只用钢板弹簧，不用设置减振器和导向机构。

正确 □　　　　错误 □

2）螺旋弹簧的刚度可以随着载荷的变化而变化。

正确 □　　　　错误 □

3）扭杆弹簧能调整车身高度，在装配时应对准装配记号。

正确 □　　　　错误 □

4）空气弹簧可以用在被动悬架和半主动悬架中。

正确 □　　　　错误 □

2. 说出囊式空气弹簧和膜式空气弹簧的区别。

_____

_____

_____ 。

根据教师提供的车辆识别各种类型的弹性元件，并说出其工作原理。

活动2.4　识别悬架系统类型和特点

活 动 学 习 目 的

通过该活动的学习，使学生知道载货汽车常用悬架系统及轿车前后悬架的常用类型，并能识别不同类型悬架的布置形式及其元件的作用，具体表现为：

1）知道载货汽车常用悬架系统的布置形式。

2）知道轿车前悬架的布置形式。

3）知道轿车后悬架的布置形式。

4）知道电控悬架的组成和工作原理。

学习信息

2.4.1　载货汽车悬架的类型

钢板弹簧悬架由于其承载能力强、结构简单，被广泛用于小货车和客车的前、后悬架。有的微型面包车的后悬架也采用钢板弹簧悬架。

1. 钢板弹簧非独立悬架的布置

图 2-12 所示为解放 CA1092 汽车的前悬架，钢板弹簧的中间用 U 形螺栓 3 与车桥固定。钢板弹簧的前端和前支架 1 相连，后端与吊耳 9 相连。减振器与车架上的减振器上支架 7 和车桥上的减振器下支架 12 相连接，且减振器和钢板弹簧并联。盖板上装有橡胶缓冲块 5，以限制弹簧的最大变形，并防止弹簧直接碰撞车架。

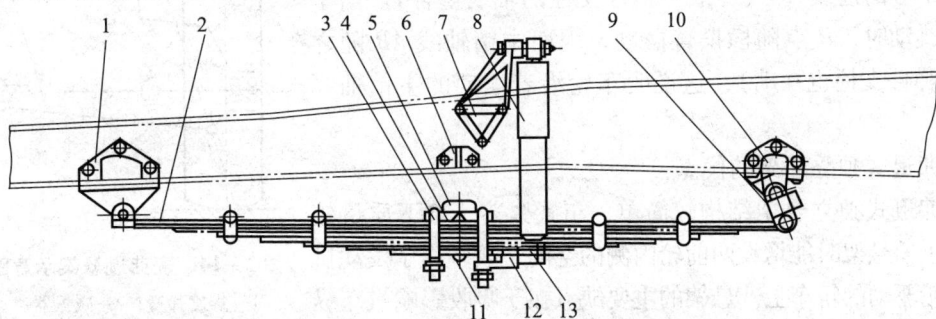

图 2-12　解放 CA1092 汽车的前悬架

1—钢板弹簧前支架；2—前钢板弹簧；3—U 形螺栓；4—盖板；5—缓冲块；6—限位块；7—减振器上支架；
8—减振器；9—吊耳；10—吊耳支架；11—中心螺栓；12—减振器下支架；13—减振器连接销

2. 主、副钢板弹簧悬架

图2-13所示为某中型货车后悬架，它由主、副钢板弹簧叠合而成，其刚度是可变的，以适应不同的装载质量。

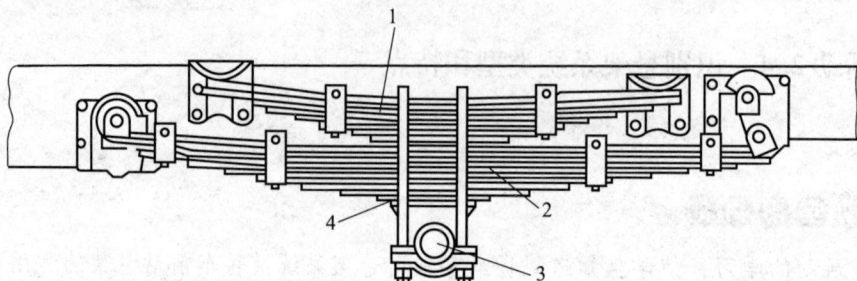

图2-13 变刚度钢板弹簧悬架
1—副钢板弹簧；2—主钢板弹簧；3—车桥；4—U形螺栓

当汽车空载或实际装载质量不大时，副钢板弹簧不承受载荷而由主钢板弹簧单独工作。

当在重载或满载情况下，车架相对于车桥下移，使车架上副簧滑板式支座与副簧接触，主、副簧共同参加工作，一起承受载荷而使悬架刚度增大，以保证车身振动频率不致因载荷增大而变化过大。

2.4.2 轿车前悬架的类型

1. 麦弗逊悬架

麦弗孙式独立悬架目前在轿车中应用很广泛，其结构如图2-14所示，实物如图2-15所示，它由减振器、螺旋弹簧、横摆臂、横向稳定杆（图2-14中未画出）等组成。减振器与套在其外面的螺旋弹簧合为一体，构成悬架的弹性支柱，支柱上端与车身挠性连接，支柱下端与转向节刚性连接。横摆臂的外端通过球头销与转向节的下部连接，内端与车身铰接。

麦弗逊式独立悬架没有传统的主销实体，转向轴线为上下铰接中心的连线AB（一般与弹性支柱的轴线重合）。当车轮上下跳动时，B点随横摆臂摆动，因而主销轴线AB随之摆动（弹性支柱也摆动），这说明车轮沿着摆动的主销轴线而运动。

麦弗逊式独立悬架的优点：

麦弗逊式独立悬架结构较简单，布置紧凑，簧下质量较小，用于前悬架时能增大两前轮内侧的空间，故多用于发动机前置前轮驱动的轿车上。悬架的主要缺点在于吸收影响汽车纵向力（抬升和俯冲）的能力有限，且横连杆也会吸收横向力。

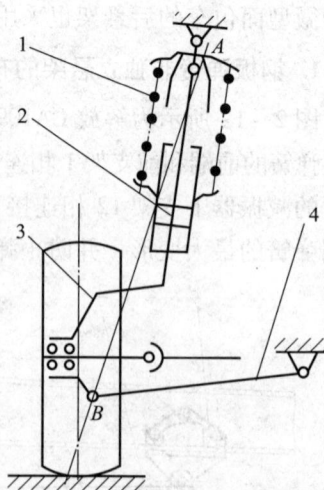

图2-14 麦弗逊悬架示意图
1—螺旋弹簧；2—减振器；
3—转向节；4—横摆臂

2. 双叉臂悬架

双叉臂悬架主要用在中级车上，其结构如图2-16所示。

摆臂不等长的独立悬架：当车轮上下跳动时，虽然车轮平面、车轮平面轴线、轮距都发生变化，但均可以控制在允许范围内，所以这种形式的双横臂式独立悬架应用较多，红旗CA7560、凌志LS400等轿车的前桥都采用这种不等长双横臂式独立悬架。

双叉臂悬架可以说是最坚固的独立悬架。我们都知道，三角形是最稳固的几何形状，双叉臂悬架的上下两根摆臂拥有类似三角形的稳定结构，不仅拥有足够的抗扭强度，而且上下两根摆臂对横向力都具有很好的导向作用，因此当双叉臂悬架用于跑车上时，可以很好地抑制车辆在过弯时的侧倾，而且在双叉臂悬架结构中，四轮定位参数都是精确可调的。

图 2 – 15　麦弗逊悬架实物
1—螺旋弹簧；2—横向稳定杆；
3—下摆臂；4—转向节

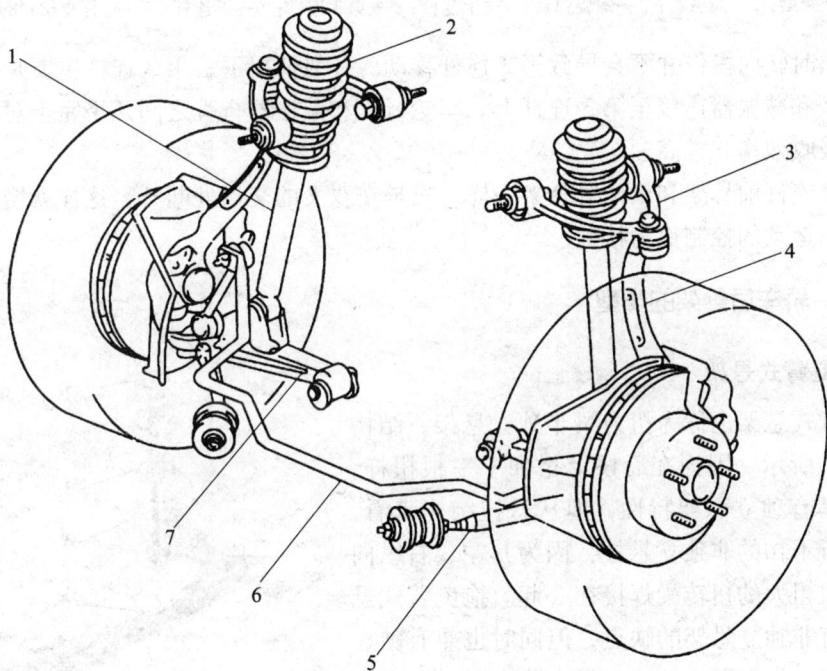

图 2 – 16　双叉臂独立悬架结构
1—减振器；2—螺旋弹簧；3—上摆臂；4—转向节；5—支承杆；6—横向稳定杆；7—下摆臂

3. 多连杆型悬架

多连杆型悬架具有出色的转向控制和行驶平顺性，结构如图 2 – 17 所示。悬架类似于双叉臂悬架，由上连杆 4、下连杆 6 和第 3 连杆 5 组成，由于增加了额外的第 3 根连杆，因此称为多连杆型悬架。上连杆 4 一端和车身铰接，另外一端和第 3 连杆 5 铰接。第 3 连杆 5 上端和上连杆铰接，下端通过球头销与转向节上部连接。下连杆外端通过球头销与转向节的下部连接，内端与车身铰接。第 3 连杆下端球头销和下连杆外端球头销的连线就是主销轴线，其可以放置在最优位置。

图 2-17　多连杆悬架

1—前悬架梁；2—减振器；3—螺旋弹簧；4—上连杆；5—第 3 连杆；6—下连杆；7—连杆支架；8—稳定杆

在转向时转向操作并不会导致第 3 连杆移动。一般情况下，第 3 连杆主要是单纯的上下移动。弹簧和减振器连接至第 3 连杆上。车轮行程和减振器行程之间几乎完全对应。道路振动和冲击吸收效率非常高。

有的多连杆前悬架和双叉臂悬架一样，只是在双叉的交点处断开，这样就增加了一根连杆，使车轮运动的控制更为精确。

2.4.3　轿车后悬架的类型

1. 拖曳臂式悬架

拖曳臂式悬架也称为扭力梁半独立悬架，结构如图 2-18 所示。因为在后桥上增加了一根扭杆，使该悬架具有独立悬架特性，但从悬挂结构来看，其属于不折不扣的非独立悬挂，因为其左、右纵向摇臂被一根粗大的扭转梁焊接在一起。拖曳臂式悬架本身具有非独立悬架的缺点，但同时也兼有独立悬架的优点，拖曳臂式悬架的最大优点是左、右两轮的空间较大，而且车身的外倾角没有变化，减振器不发生弯曲应力，所以摩擦小。这种悬架的舒适性和操控性均有限，当其刹车时除了车头较重会往下沉外，拖曳臂式悬架的后轮也会往下沉而平衡车身，无法提供精准的几何控制。大多数厂家的小型车和紧凑型车都使用这种悬架形式。

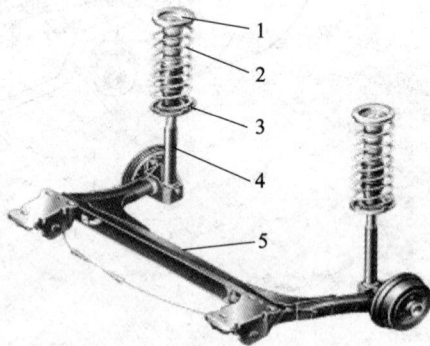

图 2-18　拖曳臂式悬架示意图

1—弹簧上座；2—螺旋弹簧；3—弹簧下座；
4—减振器；5—后桥

2. 多连杆后悬架

多连杆后悬架的导向机构就是由多根连杆构成的，连杆的数目在三根以上，这几根连杆起到传递力矩及操控稳定的作用，如图 2-19 所示。因为连杆的可调整范围较大，故它能够保证车轮与地面之间的垂直，上、下控制臂的使用也保证了车轮的贴地性，这些作用综合保证了多连杆车辆在拥有舒适性的同时依旧具备良好的操控性。多连杆后悬架结构相对复杂，材料成本、研发成本以及制造成本远高于其他类型的悬架，而且其占用空间大，中小型车出于成本和空间考虑极少使用这种悬架。但多连杆式悬架舒适性能是所有悬架中最好的，操控性能也和双叉臂式悬架难分伯仲，高档轿车由于空间充裕且注重舒适性和操控稳定性，所以大多使用多连杆后悬架，可以说多连杆后悬架是高档轿车的绝佳搭档。

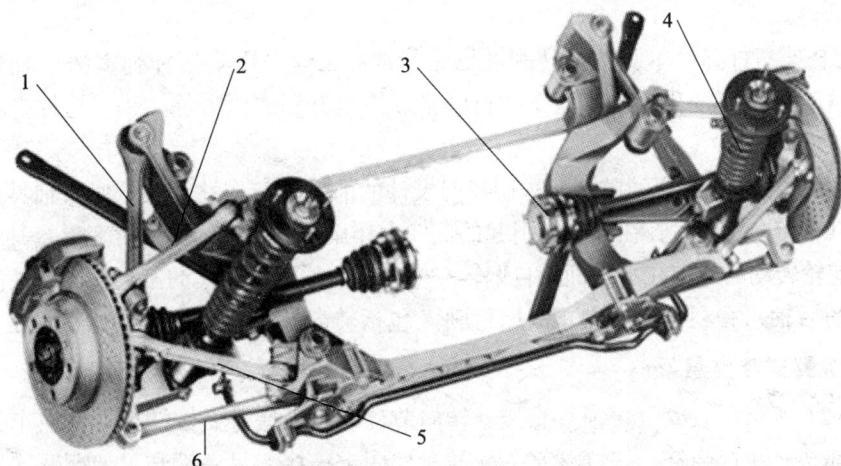

图2-19　多连杆后悬架示意图

1—前控制臂；2—上控制臂；3—半轴；4—支柱；5—后控制臂；6—下控制臂

3. 单纵臂独立悬架

该悬架由后轴1、后摆臂5、两个横置的扭杆弹簧3和两个双向作用筒式后减振器4及横向稳定杆2组成，如图2-20所示。整个后桥由后轴管架通过弹性垫块与车身连接。

图2-20　单纵臂悬架

1—后轴；2—横向稳定杆；3—扭杆弹簧；4—后减振器；5—后摆臂；6—弹性缓冲块；7—减振器支架

单元2　汽车悬架系统维修

悬架特点。

1）悬架及后轴的全部零件均安装在一个支架上，因此结构紧凑、维修方便。

2）后悬架的弹性元件是扭杆弹簧，它实现了车身与车轮之间的弹性连接。其扭杆弹簧比螺旋弹簧和钢板弹簧单位质量所能储存的能量大得多，因而扭杆悬架轻，这样可提高汽车的行驶平顺性。

3）后悬架扭杆弹簧本身的扭转刚度虽然是常数，但采用了扭杆弹簧的后悬架刚度却是可变的，这对于载荷变化时改善汽车的行驶平顺性是有利的。另外，采用扭杆弹簧容易调节车身高度。

4）后轴总成与车身之间的连接采用专门设计的前自偏转弹性垫块，使后轴具有随动转向功能。当汽车转向行驶时，在离心力引起的侧向力作用下，弹性垫块产生变形，其结果使后轴总成跟随前轮转动的方向在水平面上自偏转一个角度，增加了汽车的不足转向特性。采用随动转向功能的后轴，有利于提高汽车高速行驶（包括转向及直线行驶）的操控稳定性。

4. 双纵臂式独立悬架

图 2-21 所示为双纵臂式独立悬架。转向节和两个纵摆臂做铰链连接，在车架两根管式横梁的内部装有扭杆弹簧。扭杆弹簧一端与车架固定连接，另一端与悬架摆臂连接。

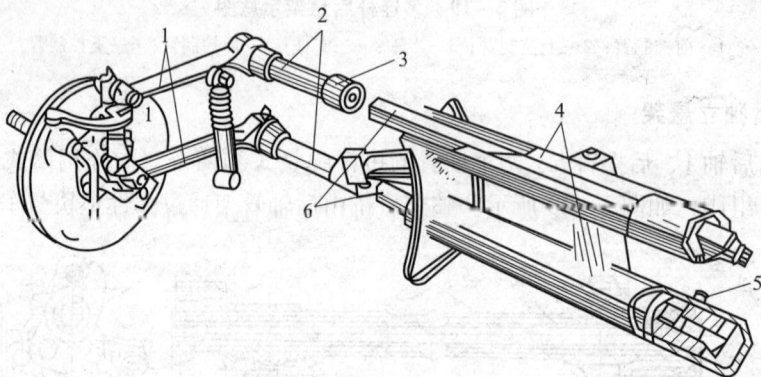

图 2-21 双纵臂式独立悬架
1—纵摆臂；2—纵摆臂轴；3—衬套；4—横梁；5—螺钉；6—扭杆弹簧

回答下列问题

1. 说出麦弗逊悬架和双叉臂悬架的优点。

_____

_____

2. 说出图 2-22 所示悬架类型，辨别图中数字标记的元件名称，并标注在图上。

_____

_____

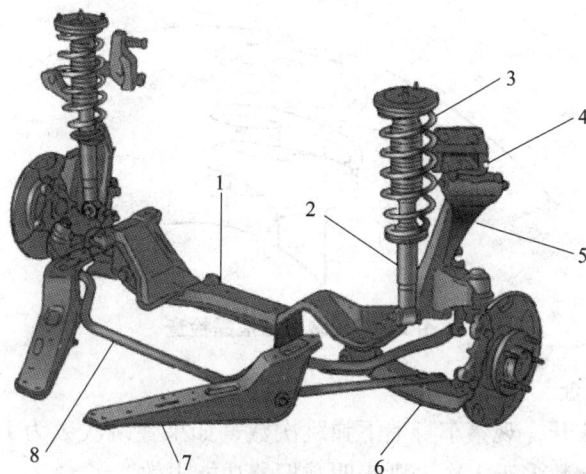

图 2 – 22

完成下列任务

1. 在教师指定的车辆上识别不同悬架的布置方式。
2. 根据教师指定的车辆说出扭杆弹簧是怎样调节车高的。
3. 在教师指定的车辆上识别悬架的类型,并指出其零件名称。

活动 2.5 实施悬架系统车上基本检查程序

活动学习目的

通过该活动的学习,能够根据维修手册在不拆卸悬架系统的基础上完成悬架系统的基本检查并判断悬架部件是否有问题。

学习信息

2.5.1 减振器就车检查

1)检查减振器是否有凹痕、漏油,安装点是否松动。

2)泄露检查(见图 2 – 23)。

允许有一层油膜(渗出)附在前、后减振装置上,这是正常的。渗油是指有一层厚的油膜积在减振壳体外面,一般会因吸附大量的灰尘而被注意到。减振器出现渗油现象是正常的,不需要因此而更换减振器。泄漏现象是指整个减振装置悬架被漏油覆盖的同时油液从悬架滴落到地面上。

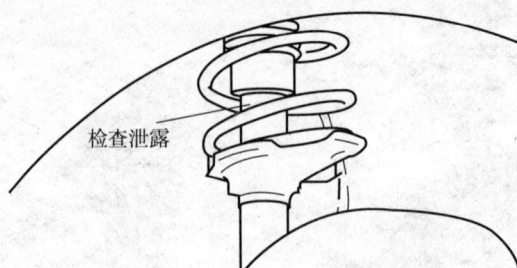

图 2 – 23　减振器泄露检查

3）减振器功能检查。

①用力压车身后放开，观察车身上下弹跳次数，如果弹跳次数为 1~3 次，则表明减振器功能正常；若弹跳次数多于 3 次，则表明减振器功能失效。

②在不平路面行驶 10 km，摸减振器表面，若过冷或过热，则表明减振器失效。

2.5.2　车身高度检查

首先目视检查车身是否倾斜，然后将车辆停放在平坦路面上调整好四个轮胎气压，将汽车前部上下颠簸 4~5 次，确认汽车处于中间高度位置。左前轮罩和右前轮罩到地面高度的高度差应在一定范围内，若超出范围，则说明悬架系统有变形，应检查三角臂是否弯曲、弹性铰接套或装配螺栓是否磨损、螺旋弹簧是否失效、减振器是否失效。

2.5.3　螺旋弹簧的检查

举升汽车，检查螺旋弹簧有无损坏、变形和锈蚀。

2.5.4　车轮轴承检查

1）举升汽车前部。

2）摇晃车轮，检查前轮轴承是否松动，如图 2 – 24 所示。

3）快速旋转车轮，确认车轮旋转平顺而安静。

4）拆卸前制动钳和固定板。

5）在车轮轮毂上装一个适当的千分表固定器或类似的设备，然后推拉车轮轮毂，测量车轮轮毂与前车轮轴承总成的轴向间隙，如图 2 – 25 所示。其不应有轴向间隙，如果有轴向间隙应更换前轮轴承。

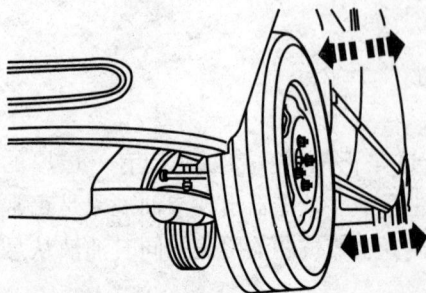

图 2 – 24　检查前轮轴承

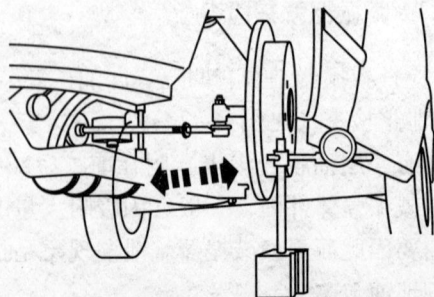

图 2 – 25　测量车轮轮毂与前车轮轴承总成的轴向间隙

2.5.5　车轮前摆臂球头检查

1）举升汽车。

2）抓牢前摆臂外端，做上下移动，观察有无移动量。自由移动通常会伴随着"喀哒"声，出现自由移动则表明球头已损坏。

3）如有自由移动，则应更换球头。

4）目视检查球头密封皮碗是否有破裂，若有则更换球头。

2.5.6　摆臂橡胶衬套检查

悬架衬套安装在悬架杆件与车身之间，如图 2－26 所示，其实物如图 2－27 所示，由于它由胶质材料做成，故能起缓冲作用。若悬架衬套老化变形，则悬架舒适性会变差且会伴有异响。

用撬杠撬衬套，检查所有橡胶零件有无磨损、裂纹和变形。如有需要，则更换橡胶衬套。

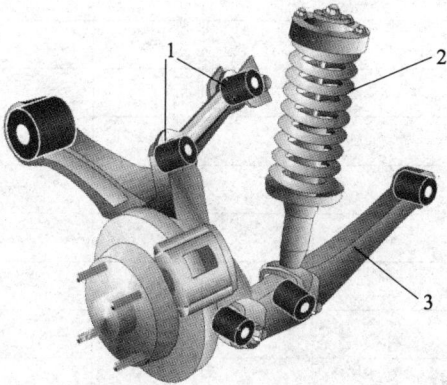

图 2－26　衬套在悬架上的应用

1—橡胶衬套；2—支柱总成；3—摆臂

图 2－27　橡胶衬套实物

2.5.7　导向机构检查

检查所有的摆臂、横向稳定杆等是否有凹坑、裂纹和变形，若有必须更换。

回答下列问题

1. 减振器失效对汽车有什么影响？检查减振器的方法是什么？

_____

_____ 。

2. 为什么悬架摆臂要通过橡胶衬套和车身进行连接？

_____

完成下列任务

在不拆卸悬架的基础上完成对悬架系统的基本检查，见表 2 - 1。

表 2 - 1　悬架系统基本检查报告

车型：	前悬架类型：		后悬架类型：		
检查项目	检查数据	正常	不正常	情况说明
车身高度检查	左前轮罩高度：			
	右前轮罩高度：			
	左后轮罩高度：			
	右后轮罩高度：			
弹跳次数检查				
轮毂轴承噪声、松动检查				
轮毂轴承间隙检查				
弹性元件检查				
球头预紧度检查				
减振器泄露检查				
衬套老化变形检查				
摆臂变形检查				
横向稳定杆检查				
悬架螺栓力矩检查				

活动 2.6　实施轿车悬架系统拆装检查程序

活动学习目的

通过该活动的学习，能够根据维修手册完成悬架系统的拆卸程序及各个部件的分解程序。

学习信息

由于悬架的种类很多，各种车的悬架系统有很大差异，故应根据车型充分利用维修手册来进行悬架系统的拆卸。下面以长安逸动轿车的前悬架为例说明前悬架系统的拆装程序。

2.6.1　寻找相关维修信息

1）在开始拆卸前，找到尽可能多的关于维修部件的资料。

2）需要与顾客和同事讨论采用什么维修方法。

2.6.2　准备维修工作场所

1）有足够的工作空间来移动或翻转悬架。

2）清洁悬架系统零件的维修工作台。

3）工作场所地面无油污和其他液体。

2.6.3　准备拆卸工具和设备

1）准备干净的油盘，以便存放拆卸下来的零件。

2）检查将要拆卸的悬架系统，看是否需要准备一些特殊的工具和设备。

2.6.4　准备一些易损零件

由于使用或拆卸中经常损坏轴承、垫圈和密封件等，所以需要准备一些相应的、不可重复使用的零件以及拆卸它们的工具。

图 2 – 28 和图 2 – 29 所示为长安逸动前悬架的总体构造。

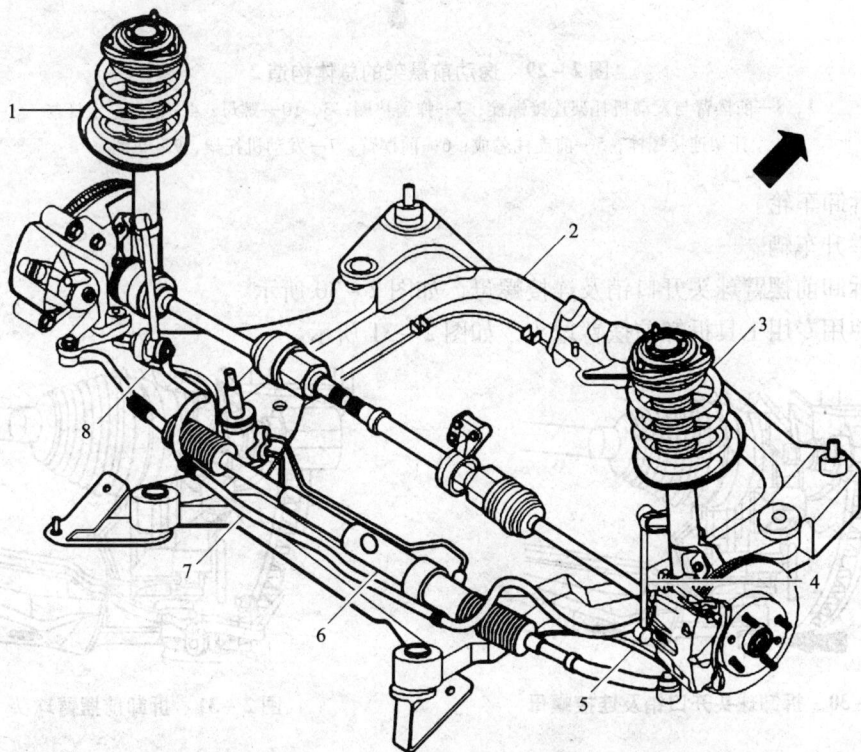

图 2 – 28　逸动前悬架的总体构造 1

1—前支柱总成（左）；2—发动机托架总成；3—前支柱总成（右）；4—连接杆；
5—前摆臂（右）；6—转向器总成；7—横向稳定杆；8—前摆臂（左）

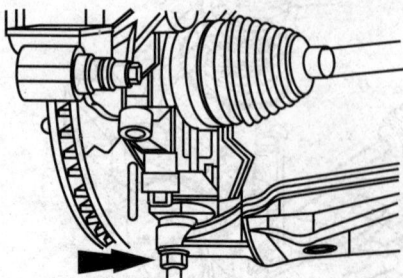

图2-29 逸动前悬架的总体构造2

1，8—前摆臂与发动机托架连接螺栓；2—弹簧垫圈；3，10—螺母；4—横向稳定杆与
托架连接螺栓；5—前支柱总成；6—前摆臂；7—发动机托架；9—垫圈

1）拆卸车轮。

2）举升车辆。

3）拆卸前摆臂球头开口销及连接螺母，如图2-30所示。

4）使用专用工具拆卸前摆臂球头，如图2-31所示。

图2-30 拆卸球头开口销及连接螺母　　　　**图2-31 拆卸前摆臂球头**

┌─────────────────────────────────────┐
注意：使用棉布保护好球头以免损坏。
└─────────────────────────────────────┘

5）拆卸前摆臂与发动机托架的两颗固定螺栓，如图2-32所示。

6）拆卸前摆臂球头与前摆臂的两颗固定螺栓，如图2-33所示，扭矩为90 N·m。

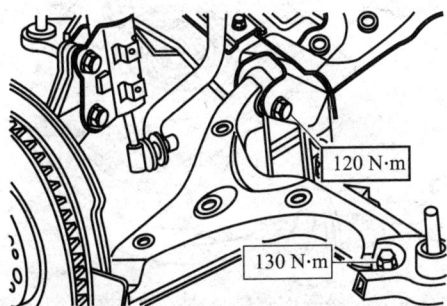

图2-32 拆卸前摆臂与发动机
托架固定螺栓

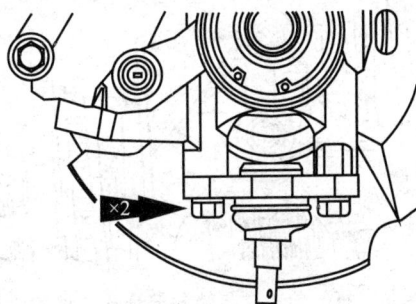

图2-33 拆卸前摆臂球头与
前摆臂固定螺栓

7）安装顺序与拆卸顺序相反。

2.6.5 前支柱总成拆装

1）拆卸车轮。

2）举升车辆。

3）拆卸前支柱上前进轮速度传感器支架1和制动油管支架2固定螺栓，如图2-34所示，扭矩为15 N·m。

4）拆卸前支柱上稳定连接杆球头，如图2-35所示，扭矩为90 N·m。

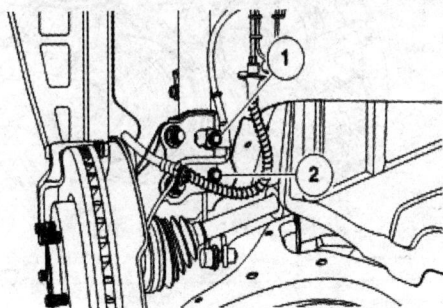

图2-34 拆卸传感器支架
1—前进轮速度传感器支架；2—制动油管支架

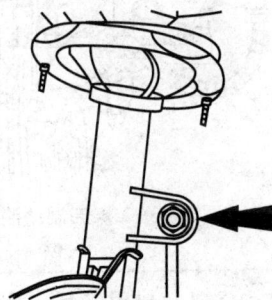

图2-35 拆卸稳定连接杆球头

注意：使用棉布保护好球头以免损坏。

5）拆卸前支柱与转向节连接螺栓和螺母，如图2-36所示，扭矩为130 N·m。

6）将转向节与前支柱总成分离。

7）松开前支柱总成上部与车身的3处固定螺母，如图2-37所示，扭矩为68 N·m。

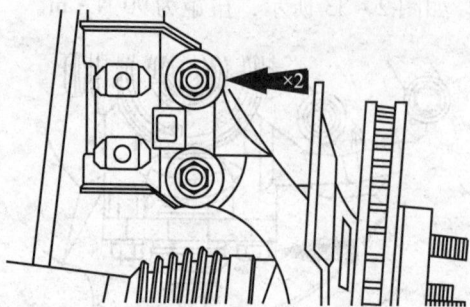

图 2 – 36　拆卸前支柱与转向节连接螺栓和螺母

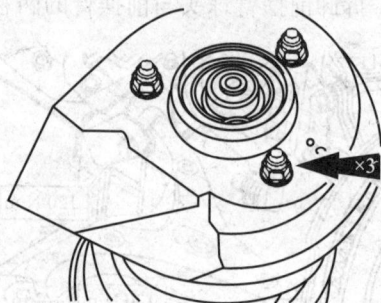

图 2 – 37　松开前支柱总成上部与车身固定螺母

8）取下前支柱总成。

9）安装顺序与拆卸顺序相反。

2.6.6　前转向节总成拆装

1）拆卸车轮。

2）举升车辆。

3）从前支柱总成上拆卸制动油管，如图 2 – 38 所示，扭矩为 20 N·m。

4）拆卸制动钳，如图 2 – 39 所示，扭矩为 80 N·m。

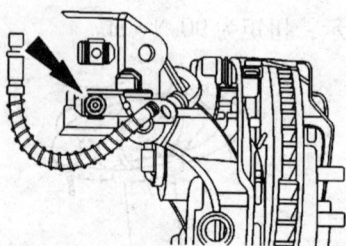

图 2 – 38　拆卸制动油管

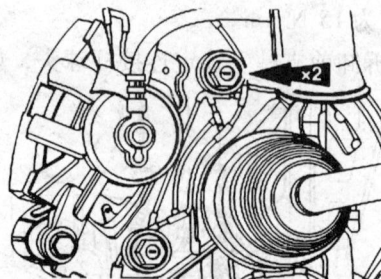

图 2 – 39　拆卸制动钳

注意：将制动钳固定到一侧，以防拉扯而损伤制动油管。

5）拆卸前轮速度传感器，如图 2 – 40 所示，扭矩为 15 N·m。

6）拆卸转向横拉杆球头锁紧螺母，如图 2 – 41 所示。

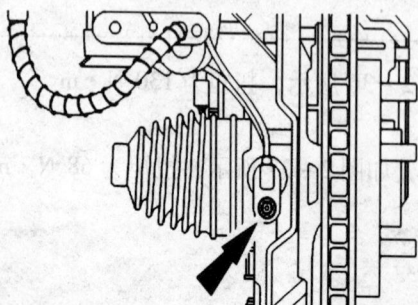

图 2 – 40　拆卸前轮速度传感器

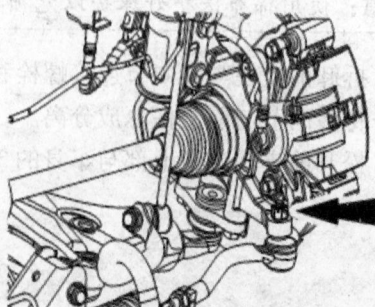

图 2 – 41　拆卸横拉杆球头锁紧螺母

7）拆卸半轴锁紧螺母，如图 2 - 42 所示，扭矩为 270 N·m。

注意：确保内等速万向节不与半轴分开。

8）拆卸制动盘。

9）拆卸摆臂与球头销连接螺母。

10）使用拉出器将半轴从转向节里拉出，如图 2 - 43 所示。

11）将转向节从减振支柱上取下。

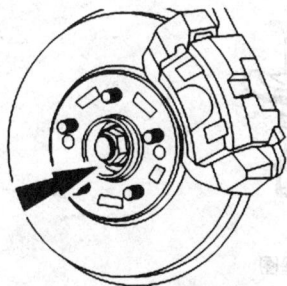

图 2 - 42 拆卸半轴锁紧螺母

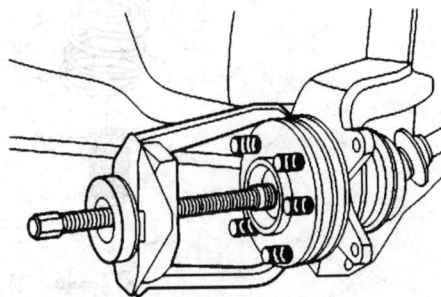

图 2 - 43 将半轴拉出

2.6.7 转向节总成分解

1）使用合适的工具拆卸前轮毂卡簧，如图 2 - 44 所示。

2）拆卸轮毂，将轮毂和轴承分别从转向节上分离，如图 2 - 45 所示。

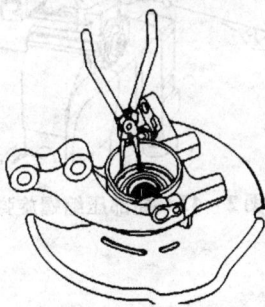

图 2 - 44 拆卸前轮毂卡簧

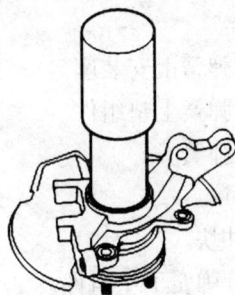

图 2 - 45 拆卸轮毂和轴承

注意：选择合适的工具压出轮毂轴承，不要损坏轮毂花键。

2.6.8 减振支柱和减振弹簧总成分解

前支柱总成由螺旋弹簧减振器等组成，其零部件如图 2 - 46 所示，按以下顺序拆卸前支柱总成。

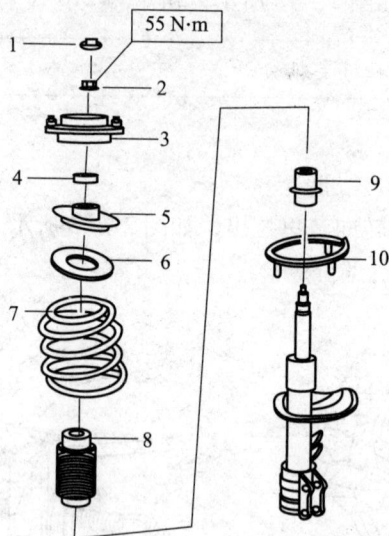

图 2 - 46　前支柱总成分解图

1—止推螺母盖；2—止推螺母；3—安装座；4—轴承；5—螺旋弹簧上安装座；
6—螺旋弹簧上垫；7—螺旋弹簧；8—防尘罩；9—缓冲块；10—螺旋弹簧下垫

1）将螺旋弹簧局部压缩，如图 2 - 47 所示。

2）拆卸止推螺母盖。

3）拆卸止推螺母。

4）拆卸支柱安装座组件。

5）拆卸轴承。

6）拆卸螺旋弹簧上安装座。

7）拆卸螺旋弹簧上垫组件。

8）拆卸螺旋弹簧。

9）拆卸防尘罩。

10）拆卸缓冲块。

11）拆卸螺旋弹簧下垫组件。

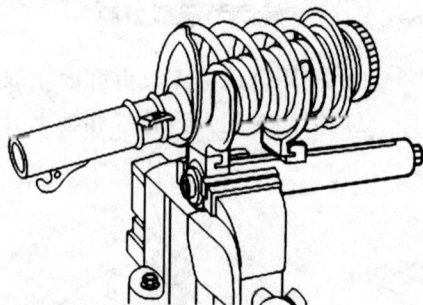

图 2 - 47　局部压缩螺旋弹簧

完成下列任务

1. 从教师提供的车辆上拆卸悬架。

2. 列出在拆卸悬架时要遵守的安全措施。

_____

_____

_____ 。

3. 列出拆卸悬架部件的流程，并填入表 2 - 2 中。

表 2 - 2　拆卸悬架部件的流程

车型：
维修资料存放处：
维修资料名称：
拆卸工具和设备：
主要部件拆卸流程：
注意事项：

活动 2.7　完成轿车悬架系统零件检修程序

活动学习目的

通过该活动的学习，能够根据维修手册完成悬架系统零件的检修程序，并能进行零件的分类、检查和修理。

学习信息

由于在使用过程中悬架系统的零件会产生磨损，也会因疲劳等其他因素造成零件变形。因此，在悬架系统拆卸后要检查零件的尺寸和性能，判断零件是否可以继续使用。

2.7.1　检查减振器总成

压缩并拉长减振器推杆，检查在操作过程中有无异响或异常阻力，如图 2 - 48 所示。

2.7.2　检查螺旋弹簧

测量螺旋弹簧的自由长度 A，如图 2 - 49 所示。

技术参数：自由长度 A 比标准长度减少 5%，即表示螺旋弹簧产生永久变形，必须更换。更换时必须左、右两侧同时更换。

图 2 - 48　减振器阻尼力检查

图 2 - 49　螺旋弹簧自由长度检查

2.7.3　检查球头

球头转动力矩和间隙的检查要从三个方向进行，如图 2 - 50 所示。如果出现下列任一情况，则更换摆臂总成：球头螺柱磨损、轴向间隙过大，或者球头难以转动。检查前，将球头转动至少 10 周，使球头处于适当位置。

摆动力 A：球头螺柱的开口销孔 7.8 ~ 82.4 N。

转动扭矩 B：0.50 ~ 4.90 N·m，检查方法如图 2 - 51 所示。

垂直端隙 C：0 mm。

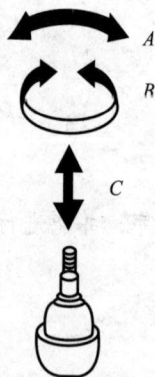

图 2 - 50　球头测量点

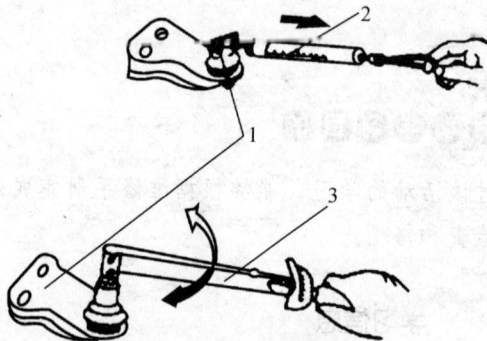

图 2 - 51　悬架臂下球铰的检查
1—悬架臂下球铰；2—弹簧秤；3—扭力扳手

2.7.4　减振器悬架轴承和橡胶缓冲块的检查

1）检查前减振器悬架轴承的磨损与损坏情况，如图 2 - 52 和图 2 - 53 所示。
技术标准：应能灵活转动，更换时只能整体更换。

2）检查橡胶缓冲块的损坏与老化情况。

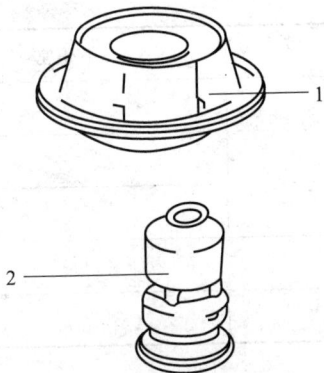

图 2-52 减振器悬架轴承和橡胶挡块
1—轴承；2—橡胶缓冲块

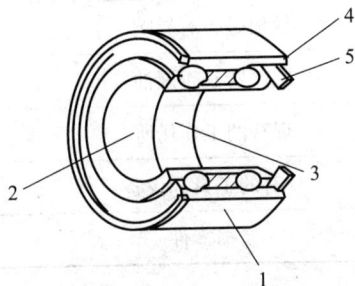

图 2-53 轮毂轴承的检查
1—轴承外圈；2，3—轴承内圈；4—刚球；5—密封片

2.7.5 悬架支架分总成的检查

检查悬架安装座分总成有无损坏和裂纹。

2.7.6 检查弹簧缓冲垫

检查弹簧缓冲垫有无裂纹和老化变形。

2.7.7 检查防尘油封

检查防尘油封是否老化变形。

2.7.8 前轮毂与转向节的检查

（1）前轮毂与转向节的检查
检查轮毂与转向节有无裂纹和变形，若有则应及时更换或进行修理。
（2）轮毂轴承的检查
检查内外圈的滚道上是否有麻坑或烧蚀、钢球上是否有严重的磨痕、密封片是否损坏。

2.7.9 副车架、横向稳定杆和悬架臂的检查

检查副车架、横向稳定杆和悬架臂有无变形裂纹，若有则要更换新件。检查横向稳定杆的橡胶支座与衬套有无损坏和老化，若有则及时更换。

完成下列任务

1. 在表 2-3 中填写检查悬架部件前的准备情况。

单元 2 汽车悬架系统维修

表 2-3 拆前检查

拆前检查	正常	不正常
悬架是否有异响		
减振器是否漏油		
现有的工作场所		
现有的工具和设备		
易损零件		

2. 将已经拆卸下来的零件进行检查，并将结果填写在表 2-4 中。

表 2-4 部件检查

部件检查	可用件	待修件	更换件	更换原因
减振器总成				
减振器悬架轴衬				
橡胶挡块				
减振器螺旋弹簧				
悬架支架分总成				
弹簧缓冲垫				
防尘油封				
前轮毂				
转向节				
轮毂轴承				
副车架				
横向稳定杆				
悬架臂				
悬架臂下球铰				

活动 2.8 悬架系统常见故障及排除

活动学习目的

通过该活动的学习，能够根据故障现象分析悬架发生故障的原因并能够排除悬架系统常见故障。

📝 **学习信息**

如果悬架系统发生故障，会造成行驶跑偏、轮胎异常或严重磨损、轮胎摆振、摇振或颤动、汽车行驶时有噪声等。下面介绍悬架系统易出现故障的检查及排除方法。

2.8.1 初步检查

悬架系统发生故障时涉及转向系统、轮胎等多个系统。在诊断悬架问题时，要综合考虑这些因素。有一些故障，如轮胎磨损异常，有可能是因为驾驶员驾驶习惯不良造成的，所以在维修之前必须先进行路试。如果有条件，则应该请客户一起路试，然后进行以下检查：

1）检查轮胎压力是否合适、磨损是否均匀。如果压力不符合规定，则应将轮胎充至合适的压力。

2）检查转向柱与转向机之间的连接是否过松或磨损，如果过松，则紧固中间轴夹紧螺栓，必要时应更换中间轴。

3）检查前后悬架系统、转向机和连杆等零件是否过松或损坏，如果过松，则对前后悬架系统、转向机装配架、连接法兰夹紧螺栓进行紧固，必要时可更换前后悬架系统、转向机以及连杆。

4）检查轮胎圆度。执行自由跳动测试，配装轮胎。

5）检查轮胎是否失衡、车轮是否有变形、车轮轴承是否有磨损或装配过松。如果失衡，要平衡车轮；如果车轮变形，必须更换车轮；如果车辆轴承有磨损或装配过松，应更换车轮轴承。

6）检查动力转向泵蛇形皮带张紧度。如果张紧度不符合要求，则应调整动力转向泵蛇形皮带。

7）检查动力转向系统是否泄漏。如果发现有泄漏，应修理漏油位置，并通过动力转向机进行测试。

8）检查动力转向泵液面。如果转向泵液面过低，应添加动力转向液。

2.8.2 悬架常见故障

下面就悬架系统常见故障现象及原因进行分析，见表2-5。

表2-5 悬架常见故障及原因

故障现象	可能原因	检修
车辆跑偏	轮胎不匹配或不均匀	更换轮胎
	弹簧下垂或折断	更换弹簧
	四轮定位不正确	检查车轮定位
	转向机偏心	重装小齿轮阀总成
	前制动器拖滞	调整前制动器

续表

故障现象	可能原因	检修
轮胎异常或严重磨损	四轮定位不良	检查前轮和后轮定位
	弹簧下垂或折断	更换弹簧
	轮胎动不平衡	进行轮胎动平衡
	减振器磨损	更换减振器
	轮胎气压不良	调整轮胎气压
轮胎摆振、摇振或颤动	轮胎动不平衡	进行轮胎动平衡
	轮毂跳动过大	检查跳动、更换轮毂
	制动鼓或制动盘严重失衡	调整制动器，必要时更换制动盘或制动鼓
	横拉杆端头磨损	更换转向横拉杆
	下球节磨损	更换球头
悬架系统有异常噪声	下摆臂球节和转向横拉杆端球头磨损	更换球头或下摆臂
	弹簧下垂或折断	更换弹簧
	减振器损坏	更换减振器
	控制臂衬套老化	更换控制臂衬套
	横向稳定杆松旷	紧固横向稳定杆
	悬架连接点松旷	紧固连接点

完 成 下 列 任 务

列出悬架产生噪声的原因，并写出诊断思路与流程。

活动 2.9 电子控制悬架系统故障诊断与检修

活 动 学 习 目 的

通过该活动的学习，能够知道电子控制悬架系统的功能、组成及工作原理。

学习信息

2.9.1 识别电控悬架系统

1. 传统悬架的缺点

悬架主要影响汽车的垂直振动。传统的汽车悬架是不可调整的，在行车中车身高度的变化取决于弹簧的变形。因此就自然存在了一种现象，当汽车空载和满载时，车身的离地高度是不一样的。满载时汽车的通过性会受到影响。

2. 汽车不同的行驶状态对悬架的要求

一般行驶时需要柔软一点的悬架以求舒适感；当急转弯及制动时又需要硬一点的悬架以求稳定性。为了提高操纵稳定性，要求悬架有较大的弹簧刚度和较大的减振器减振阻尼，以限制车身过大的运动，但这样会导致车身颠簸，影响乘坐舒适性和行驶的平顺性。

3. 电控悬架的功能

（1）车身高度调整

1）速度感应控制：车速超过 90 km/时，降低车身高度，以减小空气阻力，提高汽车行驶的稳定性。

2）连续差路面行驶控制：车速在 40 ~ 90 km/时，提高车身高度，以提高汽车的通过性；车速在 90 km/h 以上时，降低车身高度，以满足汽车行驶的稳定性。

3）点火开关 OFF 控制：驻车，当点火开关关闭后，降低车身高度，以便于乘客上下车。

4）自动高度控制：当乘客和载质量发生变化时，保持车身高度恒定。

（2）减振器阻尼力控制

通过对减振器阻尼系数的调整，防止汽车急速起步或急加速时车身"后仰"；防止紧急制动时车身"点头"；防止汽车急转弯时车身"侧倾"；防止汽车换挡时车身纵向摇动等，以提高行驶平顺性和操纵稳定性。

4. 电控悬架的组成

现在轿车用的电控悬架引入了空气悬架原理和电子控制技术，并将两者结合在一起，其主要由以下几部分组成，如图 2 - 54 所示。

1）传感器：车高传感器、车速传感器、加速度传感器、转向盘转角传感器、节气门位置传感器等。

2）开关：模式选择开关、制动灯开关、停车开关、车门开关。

3）电子控制单元：ECU。

4）执行机构：可调阻尼力的减振器、可调节弹簧高度和弹性大小的弹性元件等。

5. 电控悬架工作原理

车身状态传感器和开关给 ECU 提供加速度、位移及其他目标参数等信号，ECU 根据各传感器送来的信号进行运算分析，向悬架执行元件发出指令信号，使执行元件（如阻尼调节步进电动机）产生一定的机械动作，调节悬架参数的执行器（电磁阀、步进电动机等）改变悬架的刚度、阻尼系数和车身高度，使车辆在行驶过程中具有良好的平顺性和操纵稳定性，其原理如图 2 - 55 所示。

在一般行驶中，空气弹簧变软、阻尼变弱，以获得舒适的乘坐感。

在急转弯或者制动时，则迅速转换成硬的空气弹簧和较强的阻尼，以提高车身的稳定性。同时，该系统的电控减振器还能调整车身高度，可以随车速的增加而降低车身高度（减小离地间隙），减少风阻以节省能源；在车速比较慢时车身高度又可恢复正常。

图 2–54 丰田凌志 LS400 轿车电控空气悬架组成

1—后悬架执行器；2—高度控制连接器；3—高度控制 ON/OFF 开关；4—2 号高度控制阀和溢流阀；
5—后车身高度传感器；6—LRC 开关；7—高度控制开关；8—转向传感器；9—停车灯开关；
10—前悬架控制执行器；11—前车身高度传感器；12—1 号高度控制继电器；13—IC 调节器；
14—干燥器和排气阀；15—空气压缩机；16—1 号高度控制阀；17—节气门位置传感器；
18—门控灯开关；19—悬架 ECU；20—2 号高度控制继电器

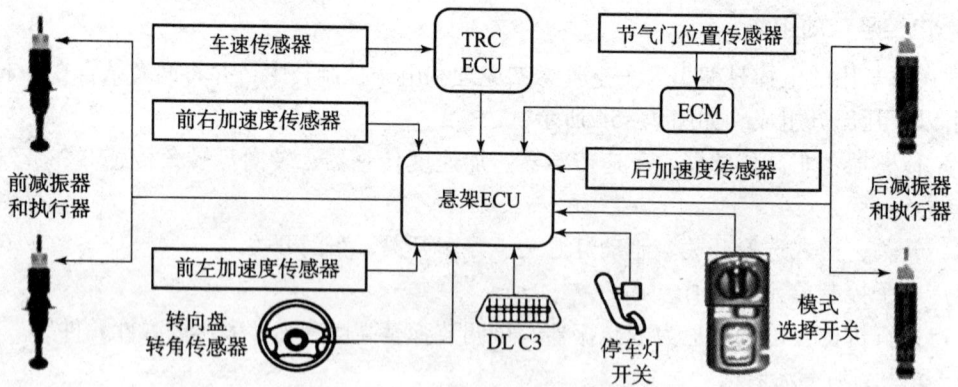

图 2–55 电控悬架工作原理

2.9.2 电控悬架系统传感器和执行器

1. 车身高度传感器

（1）作用

把车身高度（汽车悬架装置的位置量）转换为电信号传送给悬架 ECU。

（2）安装位置

一端与车架连接，另一端装在悬架系统上，如图 2–56 所示。

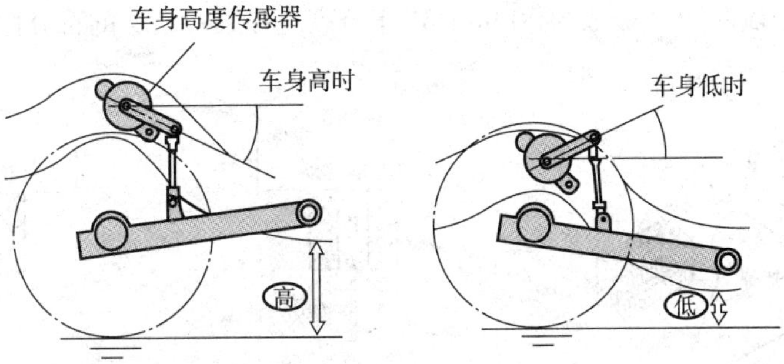

图 2 - 56　车身高度传感器的安装位置

（3）工作原理

1）模拟式高度传感器工作原理：模拟式高度传感器的组成如图 2 - 57 所示。它的上端有一个磁性滑阀，当汽车的车身高度发生变化时，磁性滑阀就在传感器的阀壳内上下运动。传感器的阀壳内有两个电控开关（超高开关和欠高开关），电控开关通过线束与悬架 ECU 连接。ECU 通过电控开关的开和关判断高度。

①汽车高度正常时，电控开关关闭，悬架 ECU 接收到车身高度为正常的信号。

②当汽车高度增加时，磁性滑阀上移，超高开关打开，并向悬架 ECU 输送车身高度增加的信号。悬架 ECU 收到此信号后，控制空气弹簧电磁阀和排气电磁阀打开，使空气弹簧放气，以降低车身高度，使其达到标准高度（即平衡高度，是指汽车正常行驶时车身应该保持的高度）。

③当车身高度降低时，磁性滑阀下移，欠高开关打开，并向悬架 ECU 输送车身高度降低的信号（即欠高信号），悬架 ECU 收到欠高开关的信号后，控制空气压缩机继电器接通，使空气压缩机工作，同时悬架 ECU 控制空气弹簧电磁阀打开，使空气压缩机产生的压缩空气充入空气弹簧，从而使车身高度增加，直至达到标准高度。

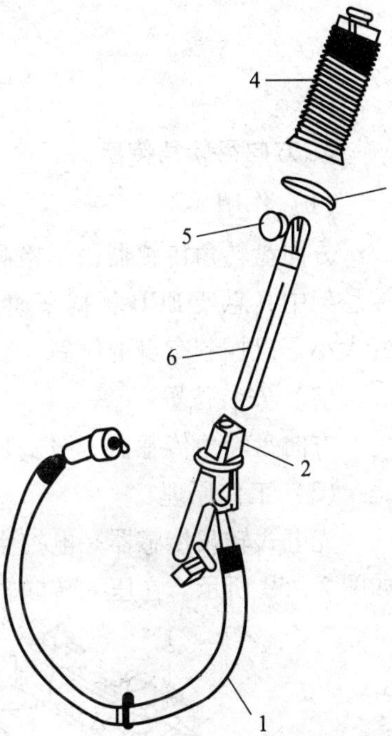

图 2 - 57　模拟式高度传感器结构

1—电线束；2—阀壳与电控开关；
3—夹子；4—防尘罩；
5—球头螺钉；6—磁性滑阀

2）数字式高度传感器工作原理：现在应用最广泛的是光电式数字车身高度传感器，其工作原理如图 2 - 58 所示。在传感器内部有一个传感器轴，轴外端安装的连接杆与悬架臂相连接，轴上固定一个开有一定数量窄槽的遮光盘。遮光盘两侧对称安装有四组发光二极管和光敏三极管，组成四对光电耦合器（信号发生器）。当车身高度发生变化时，车身与悬架臂做相对运动，连接杆带动传感器轴和遮光盘一起转动。当遮光盘上的槽对准耦合器时，光敏三极管通过该槽感受到发光二极管发出的光线，光电耦合器输出导通（ON）信号，反之则输出截止（OFF）信号。只要使遮光盘上的槽适当分布，就可以利用这四对光电耦合器导通和截止的组合，把车身高度的变化分成 16 个区域进行检测，这种高度传感器有一个六线连接器——电源线、地线及四个信号线。悬架 ECU 根据传感器输入的"ON"和"OFF"信号得到车身位移信息；根据车身高度变化的幅度和频率，可以判断车身的振动情况；根据一段时间（一般为 10 ms）内车身高度在某一区域的百分比来判断车身高度。

图 2 - 58　车身高度传感器的工作原理

（a）结构；（b）导通（ON）；（c）截止（OFF）

1—光电耦合器；2—传感器轴；3—连接杆；4—遮光盘

2. 方向盘转角传感器

（1）作用

方向盘转角传感器用于检测方向盘的中间位置、转动方向、转动角度和转动速度。在电控悬架中，悬架 ECU 根据车速传感器信号和方向盘转角传感器信号判断汽车转向时侧向力的大小，以控制车身的倾斜。

（2）安装位置

方向盘转角传感器一般安装于转向柱上。

（3）工作原理

光电式转角传感器是电控空气悬架中比较常用的方向盘转角传感器，其结构和工作原理如图 2 - 59 所示。在压入转向轴的遮光盘上有一定数量的窄槽，遮光盘的两端分别有两个发

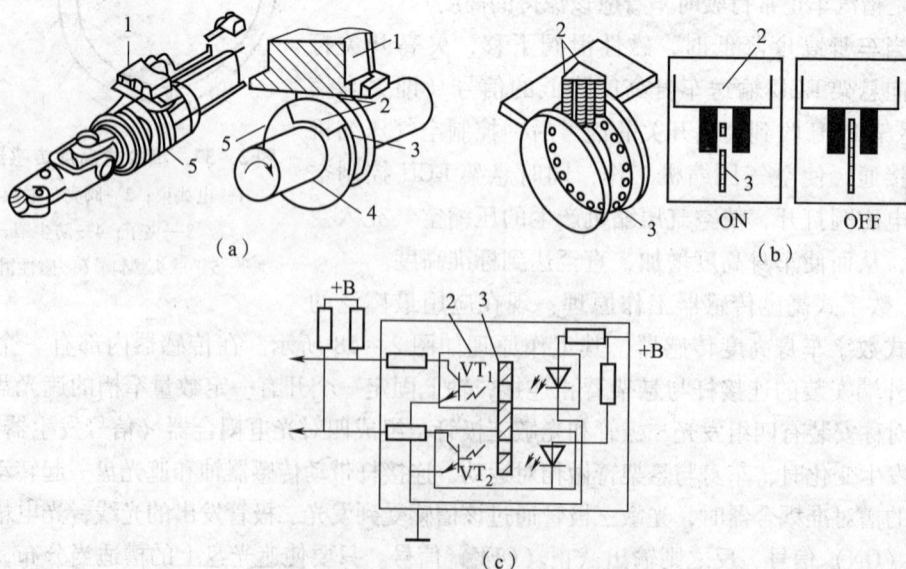

图 2 - 59　光电式方向盘转角传感器

（a）安装位置和构造；（b）工作原理；（c）电路原理

1—转角传感器；2—光电耦合器；3—遮光盘；4—转向轴；5—传感器圆盘

光二极管和两个光敏三极管，组成两对光电耦合器（信号发生器）。当转动方向盘时，转向轴带动遮光盘旋转，当转到窄槽处时，光敏三极管感受到发光二极管发出的光，就会输出"ON"信号；当遮光盘转到除窄槽以外的其他位置时，光敏三极管感受不到发光二极管的光线，就会输出"OFF"信号。这样随着转向盘的转动，两个光电耦合器的输出端就形成"ON/OFF"的变换。悬架 ECU 根据两个光电耦合器输出"ON/OFF"变换的速度，检测出转向轴的转向速度。此外由于两个光电耦合器变换的相位错开约 90°，所以通过判断哪个遮光盘首先转变为"ON"状态，就可以检测出转向轴的转动方向了。

3. 悬架控制开关

悬架控制开关包括悬架刚度和阻尼选择（LRC）开关、高度控制开关及锁止开关（高度控制 ON/OFF 开关），前两个开关一般都装在驾驶室内选挡操纵手柄旁边（见图 2 - 60），锁止开关一般装在后备厢内（见图 2 - 61）。举升、停不平路面或拖曳时，必须将锁止开关置于"OFF"。有的车型取消了锁止开关，当点火开关关闭时，车身高度控制被终止。

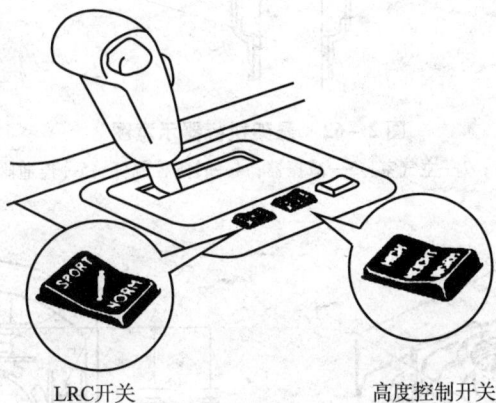

LRC开关   高度控制开关

图 2 - 60　悬架 LRC 开关和高度控制开关

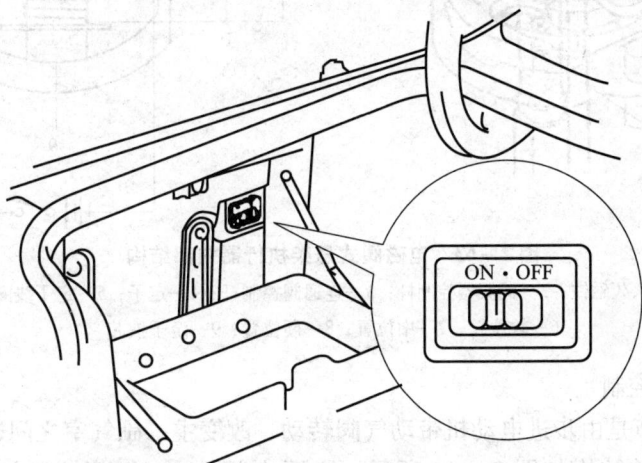

ON·OFF

图 2 - 61　悬架锁止开关

4. 悬架执行器

悬架执行器主要由空气弹簧、减振器、驱动空气弹簧的连通阀、驱动减振器的转阀等组成，如图2-62所示。执行器内部结构如图2-63所示。

图2-62 悬架执行器示意图
1—副气室；2—主气室；3—减振器；4—转阀控制杆；5—连通阀控制杆

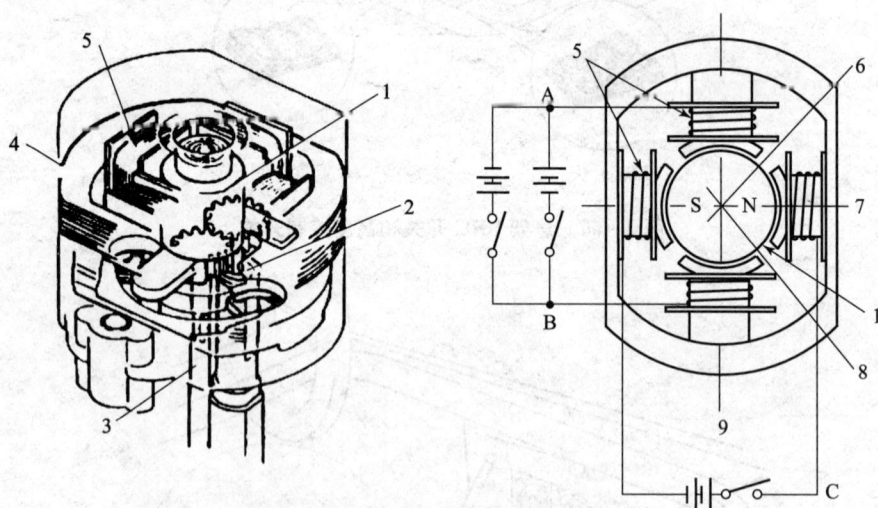

图2-63 电磁阀式悬架执行器内部结构
1—永久磁铁；2—减振器控制杆；3—连通阀控制杆；4—定子；5—定子线圈；
6—软位置；7—中位置；8—硬位置；9—定子铁芯

（1）悬架刚度控制

悬架刚度的调节是由步进电动机带动气阀转动，改变主、副气室之间通路的大小，从而改变刚度的。气阀的结构如图2-64所示，主要由阀芯8、气阀控制杆2和气体通路孔组成。

1）悬架调硬原理：气阀处于如图2-65所示的位置时，大小气体通路孔全部被封住，主、副气室的气体不能相互流动，可压缩的气体容积最小，悬架处于高刚度状态。

2）悬架调软原理：气阀处于如图2-66所示的位置时（气阀顺时针转60°），气阀将大气体通路孔打开，两气室之间的气体流量大，参加工作的气体容积增大，悬架处于低刚度状态。

3）悬架调中原理：如果气阀逆时针转60°，气阀将小气体通路孔打开，两气室之间的气体流量小，参加工作的气体容积减小较大，悬架处于中刚度状态。

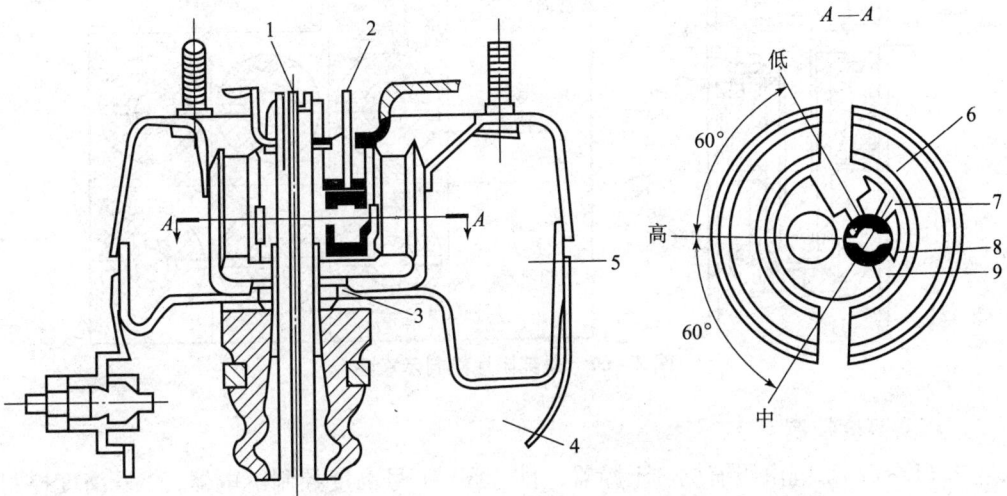

图2-64 气阀结构示意图

1—阻尼调节杆；2—气阀控制杆；3—主副气室通路；4—主气室；5—副气室；6—气阀体；
7—小气体通路孔；8—阀芯；9—大气体通路孔

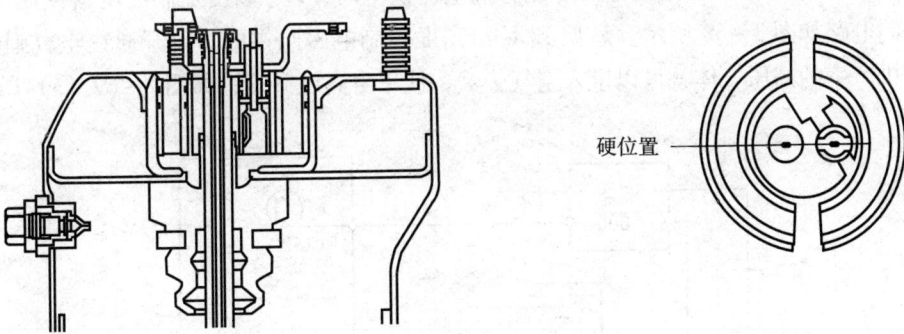

图2-65 气阀在硬位置示意图

图2-66 气阀在软位置示意图

（2）悬架阻尼控制

转动转阀调节杆，使转阀转动，转阀上的阻尼孔分别处于开、闭状态，改变阻尼孔的节流面积，实现阻尼大小的调节，如图 2－67 所示。

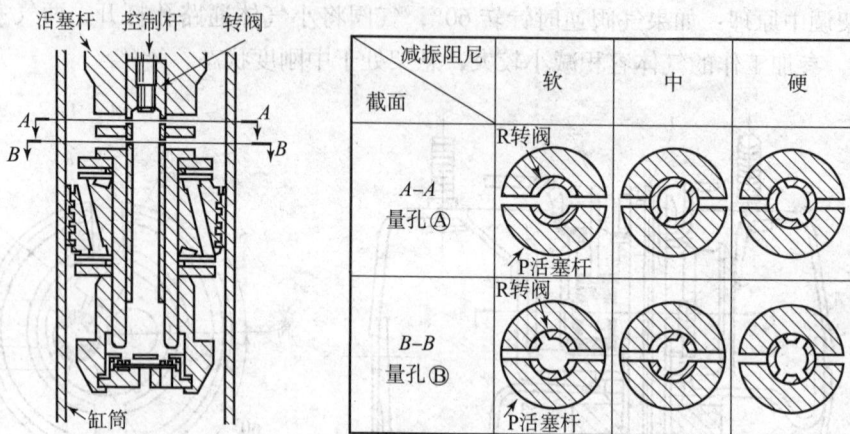

图 2－67　悬架阻尼控制示意图

（3）车身高度控制

车身高度控制系统由压缩机、干燥器、排气阀、1 号高度控制继电器、2 号高度控制继电器、1 号高度控制电磁阀、2 号高度控制电磁阀、4 个空气弹簧、4 个高度传感器和悬架 ECU 组成。

1）车身上升控制：当点火开关接通时，ECU 使 2 号高度控制继电器线圈通电，给 4 个高度传感器供电，当悬架 ECU 给 1 号高度控制继电器供电时，1 号高度控制继电器接通压缩机，压缩机控制电路如图 2－68 所示。悬架 ECU 给高度控制电磁阀供电，打开通往空气弹簧的通路，压缩机产生的高压气体就可以进入空气弹簧，使车身高度升高，如图 2－69（a）所示。

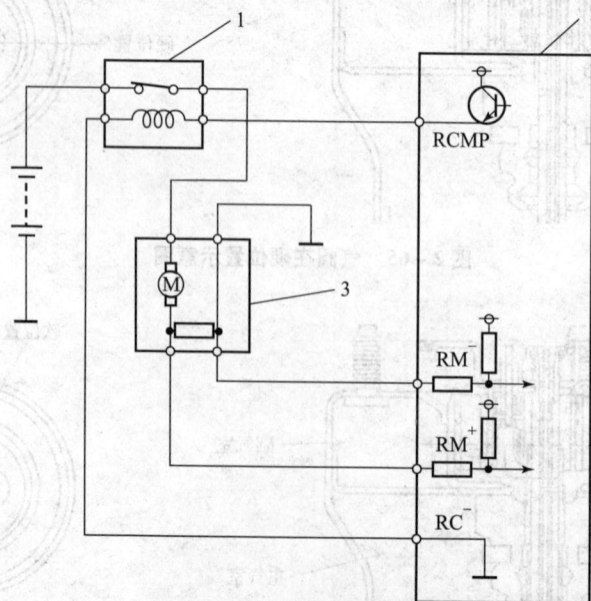

图 2－68　压缩机控制电路

1—1 号高度控制继电器；2—悬架 ECU；3—压缩机电动机

2）车身下降控制：悬架 ECU 给高度控制电磁阀和排气电磁阀通电，使空气弹簧的压缩空气排到大气中，如图 2 - 69（b）所示。

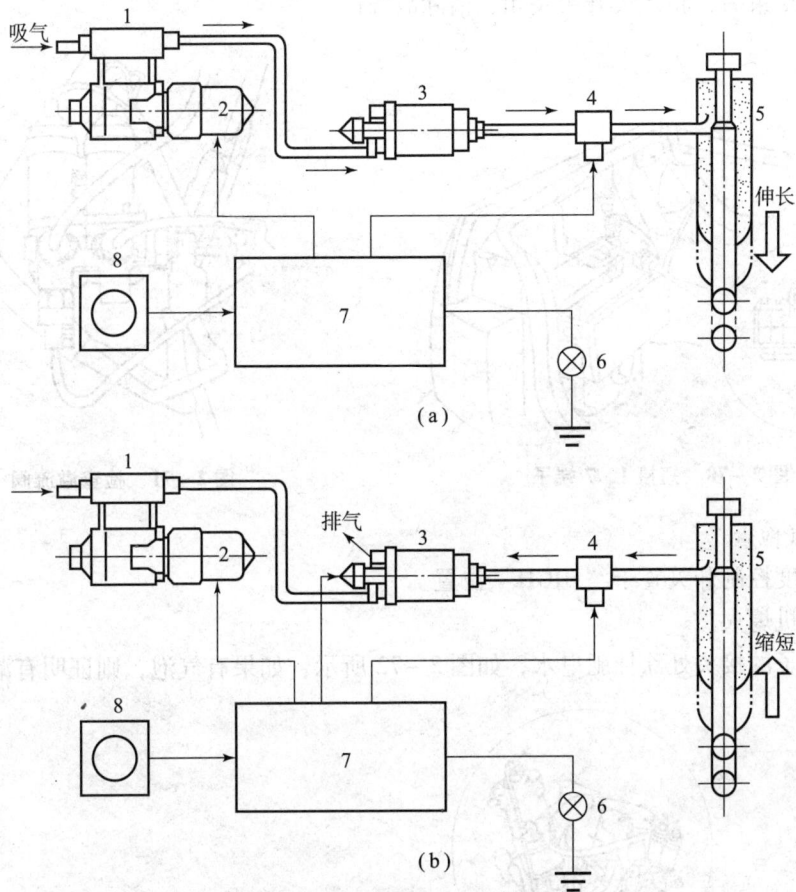

图 2 - 69 车身高度控制工作原理

（a）充气提高车身；（b）排气降低车身

1—压缩机和调压器；2—电动机；3—干燥器和排气电磁阀；4—高度控制电磁阀；

5—空气悬架；6—指示灯；7—ECU；8—车身高度传感器

2.9.3 电控悬架系统基本检查

1. 初步检查

（1）汽车高度功能检查

1）检查轮胎气压是否正常（前后分别为 $2.3\ kg/cm^2$ 和 $2.5\ kg/cm^2$）。

2）检查汽车高度（下横臂安装螺栓中心到地面的距离）。

3）将高度控制开关由"NORM"转换到"HIGH"，车身高度应升高 10～30 mm，所需时间为 21～40 s。

（2）溢流阀检查

1）打开点火开关，将高度控制连接器的 1、7 端子短接，如图 2 - 70 所示，使压缩机工作。

2）等压缩机工作一会儿后，检查溢流阀是否放气，如图 2-71 所示。

3）如果不放气说明溢流阀堵塞、压缩机故障或有漏气的部位。

4）检查结束后，将点火开关关闭，清除故障码。

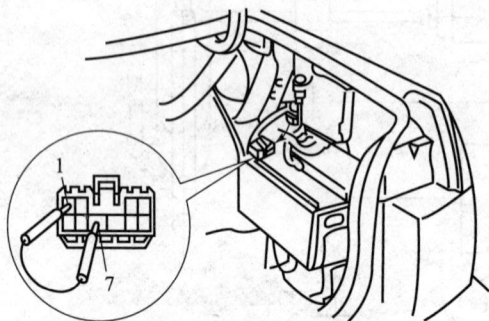

图 2-70　短接 1、7 端子

空气

图 2-71　检查溢流阀

（3）漏气检查

1）将高度控制开关置于"HIGH"位置。

2）发动机熄火。

3）在管子的接头处涂抹肥皂水，如图 2-72 所示，如果有气泡，则证明有漏气。

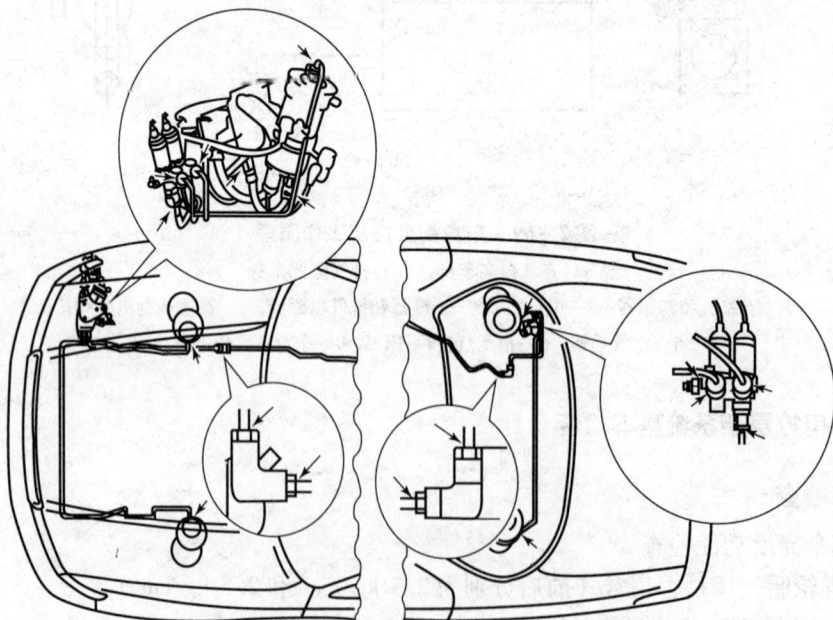

图 2-72　漏气检查

（4）指示灯检查

1）打开点火开关。

2）LRC 指示灯（SPORT 指示灯）和 HEIGHT 指示灯（NORM 和 HIGH 指示灯）应点亮

2 s。

3) 如果 NORM 指示灯以每 1 s 的间隔闪亮，表明 ECU 中存在故障码。

4) 如果出现故障，则应检查相应电路。

2. 读取故障码

1) 打开点火开关。

2) 跨接 TDCL 或检查连接器的 Tc 与 E1 端子，如图 2 - 73 所示。

3) 根据 NORM 指示灯的闪烁读取故障码。

4) 如果高度控制开关置于"OFF"位置，会输出代码 71，这是正常的。

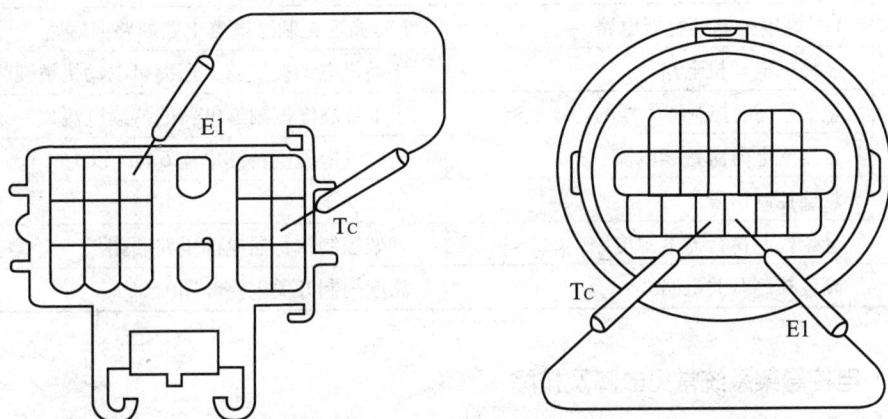

图 2 - 73　凌志 LS400 汽车故障诊断插座与检查连接器

5) 根据仪表板上车身高度控制指示灯 NORM 闪烁情况读取故障码。丰田凌志 LS400 轿车悬架自诊系统故障码是两位，第一次连续闪烁次数为十位数，第二次连续闪烁的次数为个位数。

3. 故障码的清除

对于日本丰田凌志 LS400 轿车，电子控制悬架自诊系统清除故障码有两种方法。

1) 关闭点火开关，拆下 1 号接线盒中 ECU - B 熔断丝 10 s 以上，故障码被清除。

2) 关闭点火开关，用跨接线将车身高度控制连接器的端子 9 与端子 8 连接，同时使检查连接器的端子 Tc 与 E1 连接，保持在此状态 10 s 以上，然后接通点火开关，并脱开跨接线连接器各端子，则故障码也可被清除。

丰田凌志 LS400 轿车悬架电子控制系统故障码所指示的故障如表 2 - 6 所示。

表 2 - 6　丰田凌志 LS400 悬架电子控制系统故障码

故障码	故障部位	故障原因
11	右前高度传感器电路	高度传感器电路短路或断路
12	左前高度传感器电路	
13	右后高度传感器电路	
14	左后高度传感器电路	

续表

故障码	故障部位	故障原因
21	前悬架控制执行器电路	悬架控制执行器电路短路或断路
22	后悬架控制执行器电路	
31	1 号高度控制电磁阀电路	高度控制电磁阀断路或短路
33	2 号高度控制电磁阀电路（后悬架）	
34	2 号高度控制电磁阀电路（左悬架）	
35	排气电磁阀电路	排气电磁阀电路断路或短路
41	1 号高度控制继电器电路	1 号高度控制继电器电路断路或短路
42	压缩机电动机电路	压缩机电动机短路，压缩机电动机被锁住
51	至 1 号高度控制继电器的持续电流	至 1 号高度控制继电器的持续电流 8.5 min 以上
52	至排气电磁阀持续电流	至排气电磁阀持续电流 6 min 以上
61	悬架控制信号	ECU 失灵
71	悬架控制执行器电源电路	悬架控制执行器电源电路断路
72	高度控制开关电路	高度控制开关电路断路

2.9.4 电控悬架系统常见故障及排除

当电控悬架系统出现故障后，首先使用故障自诊断系统读取故障码，按表 2 - 6 所示查找故障部位，分析故障原因后立即排除。若故障码所示的故障原因排除后故障码仍存在，或虽有故障现象但尢故障码时，则应根据故障现象分析故障原因，然后对系统进行检查。图 2 - 74 所示为凌志 LS400 汽车电控悬架系统的线路连接图。

以丰田凌志 LS400 轿车电子控制悬架系统为例，介绍悬架电子控制系统的故障检修方法。

1. 电控悬架系统指示灯不正常的检查

1）接通点火开关，看电控悬架系统的指示灯 S（刚度、高度低层次指示灯）、M（中层次指示灯）、F（高强层次指示灯）是否在点亮 2 s 后熄灭，如果是则为正常；如果 S、M、F 都不亮，则进行下一步检查。

2）检查悬架 ECU 上 +B、GND 两端子之间电压，如果电压为 12 V，则说明 S、M、F 指示灯灯泡或连线有故障。如果电压不是 12 V，则检查系统熔断丝（ECU—IG，15A）是否熔断、蓄电池连接导线是否脱落或接触不良、点火开关是否损坏、悬架 ECU 接地是否良好，若发现故障后应予以排除；如果无故障，则进行下一步检查。

3）将悬架控制模式选择开关置于"NORM"位置，接通点火开关。正常时，指示灯 S 被点亮，M 和 F 灯不亮。如果不正常，则应检查悬架控制模式选择开关及其连接线路是否正常。若正常，则应检查悬架 ECU 是否有故障。

4）将悬架控制模式选择开关置于"SPORT"位置，接通点火开关。正常时，指示灯 S、M 被点亮，F 灯不亮，否则应检查选择器开关及其连接线路是否正常。若正常，则应检查悬架 ECU 是否有故障。

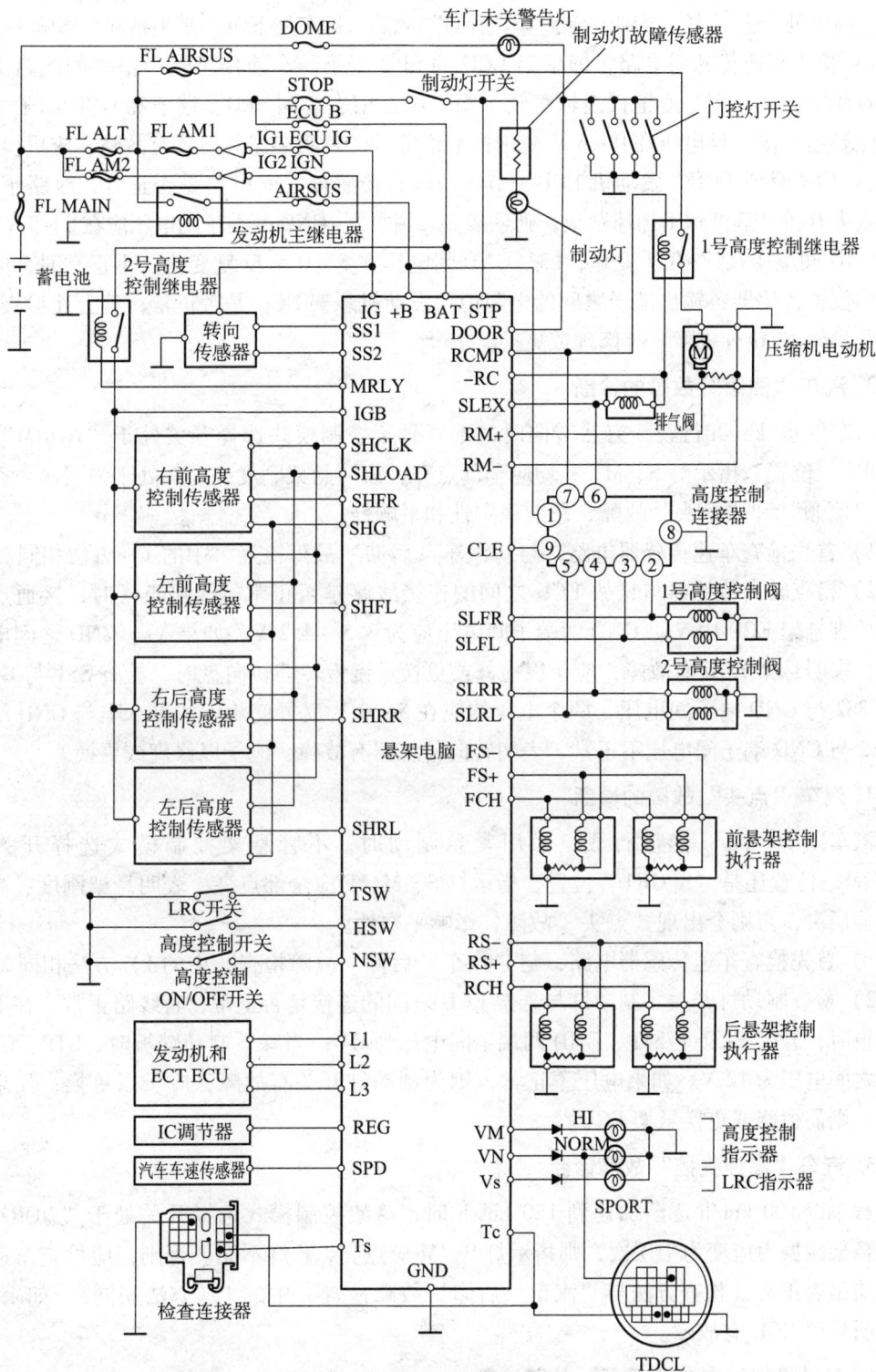

图 2-74 凌志 LS400 汽车电控悬架系统线路连接图

2. 汽车"后仰"故障检查

汽车在起步、加速时，前后轴载荷会发生变化，指示灯 S、M、F 应全部点亮，表明悬架刚度、高度处于强层次，否则就会产生"后仰"故障，即车尾下沉、车头抬起，影响平顺性。

1) 检查车速传感器电路，即悬架 ECU 的 SPD 端子→车速传感器→搭铁的线路是否正常，若线路正常，则车速里程表轴每转 1 圈，用万用表检测 SPD、端子和 GND 端子之间的电路应导通 4 次，且电压在 0~6 V 变化；不正常时，表明车速传感器有故障，应更换。

2) 检查悬架 ECU、发动机 ECU、节气门位置传感器之间电路是否正常，线路正常时，接通点火开关，逐渐踩下加速踏板，则悬架 ECU 中 L1、GND 两端子间电压应在 0~5 V 变化，L2、GND 间电压在 5~0 V 变化，L3、GND 间电压在 5~0 V 反复变化。不正常时，应检查节气门位置传感器各输出端子之间的电阻值及发动机悬架 ECU 是否正常，若上述检查正常，则表明悬架 ECU 有故障，应修理或更换。

3. 汽车"侧倾"故障的诊断

汽车以 40 km/h 行驶，突然转向时，不管悬架控制模式选择开关处于"NORM"或是"SPORT"位置，指示灯 S、M、F 均应全部点亮，表明悬架刚度高度都处于强层次，否则会出现"侧倾"和"摆头"故障，影响稳定性和平顺性。

1) 首先检查车速传感器电路，与"汽车'后仰'故障检查"中的 1) 方法相同。

2) 检查转向传感器与悬架 ECU 之间的连接线路是否正常，线路正常时，接通点火开关，检查悬架 ECU 中 Vs、GND 两端子间电压应为 3.5~4.2 V。如果 Vs、GND 之间电压不正常，表明悬架 ECU 有故障，应予以检修或更换。慢慢转动转向盘时，检查 SS1 与 GND 端子及 SS2 与 GND 端子间电压，两个电压均应在 5~0 V 反复变化。如果 SS1 与 GND 端子间及 SS2 与 GND 端子间电压不正常，表明转向传感器有故障，应予以修理或更换。

4. 汽车"点头"故障的诊断

汽车以 60 km/h 速度行驶，采用紧急制动时，不管悬架控制模式选择开关处于"NORM"位置还是"SPORT"位置，指示灯 S、M、F 应全部点亮，表明悬架刚度、高度都处于强层次，否则会出现"点头"故障，影响平顺性。

1) 首先检查车速传感器电路，与"汽车'后仰'故障检查"中的 1) 方法相同。

2) 检查制动灯开关、制动灯与悬架 ECU 之间的连接是否正常，若线路正常，在不踩制动踏板时，悬架 ECU 上 STP、GND 两端子间电压为 OV；当踩下制动踏板时，STP、GND 两端子之间电压为 12 V。如果电压不正常，则为制动灯开关有故障，应予以更换；如果电压正常，则需检修或更换悬架 ECU。

5. 汽车"高速失控"故障诊断

汽车以 100 km/h 逐渐加速到 120 km/h 时，悬架控制模式选择开关处于"NORM"位置，悬架减振力应变为中层次，则指示灯 S、M 应点亮，F 灯不亮。否则，应检查车速传感器电路是否正常（检查方法与"汽车'后仰'故障检查"中的 1) 方法相同）。如果正常，则表明悬架 ECU 有故障。

6. 自动换挡时汽车"后仰"故障诊断

装有自动变速器的汽车挂挡起动时，不管选择开关处于"NORM"位置还是"SPORT"位置，指示灯 S、M、F 应全部点亮，表明悬架刚度、高度都处于"强层次"，否则会产生汽车"后仰"故障。

1）首先检查车速传感器电路，与"汽车'后仰'故障检查"中的1）方法相同。

2）检查空挡起动开关与悬架 ECU 的连接是否正常，若正常，则接通点火开关，变速杆在"N"位或"P"位时，悬架 ECU 上 NTR、GND 两端子间电压为 0 V；变速杆在其他任何位置时，NTR、GND 两端间电压为 12 V。

若上述检查都正常，S、M、F 指示灯仍不亮，则表明悬架 ECU 有故障。

回答下列问题

1. 电控悬架有哪些优点？

_____

_____

_____。

2. 电控悬架是如何调节悬架刚度和阻尼的？

_____

_____

_____

_____

_____。

完成下列任务

1. 对照电控悬架实物，认识电控悬架的组成元件并说出其作用。

2. 在教师提供的带电控悬架的车或台架上完成故障诊断排除。

3. 读取故障码和数据流，按照以下程序完成性能测试。

1）查询、研究维修手册和诊断流程。

2）确定读取故障码的方法。

3）确定显示故障码的方法。

4）解释故障码，确定电路或整个电控系统的故障。

5）在表 2-7 中记录故障诊断信息。

表 2-7 数据记录

车辆：	数据记录：
车辆型号： 车架号： 生产年份：	
读取故障码具体步骤：	

单元 2 汽车悬架系统维修

续表

删除故障码的方法:

将读到的故障码填写在表 2 - 8 中，并写出显示的所有系统故障。

表 2 - 8　故障码及详细故障

故障码（显示顺序）	详细故障

单元学习鉴定表

你是否在教师的帮助下成功地完成了单元学习目标所设计的学习活动	
	肯定回答
专业能力	肯定回答
认识悬架系统类型和组成	
认识组成悬架系统各部件的作用和工作过程	
正确实施悬架系统的保养和维护	
正确实施悬架系统的拆卸程序	
正确实施悬架系统零件的检修	
正确实施悬架系统的装配复位和调整程序	
正确分析悬架系统的常见故障及原因	
正确分析电控悬架系统的常见故障及原因	
关键能力	肯定回答
你是否根据已有的学习步骤和标准完成了资料的收集、分析和组织工作	
你是否通过标准有效和正确地进行交流	
你是否按计划有组织的活动，是否朝学习目标努力	
你是否尽量利用学习资源完成学习目标	
完成情况 　　所有上述表格必须是肯定回答。如果不是，应咨询教师是否需要增加学习活动，以达到要求的技能。 教师签字＿＿＿＿＿＿＿＿＿＿＿＿＿＿＿＿＿ 学生签字＿＿＿＿＿＿＿＿＿＿＿＿＿＿＿＿＿ 完成时间和日期＿＿＿＿＿＿＿＿＿＿＿＿＿	

单元 3

汽车转向系统维修

单元学习目标

通过本单元的学习，能够掌握转向系统的有关知识，并能够识别各工作部件。具体表现为：

1）学生能够认识转向系统的类型和组成。
2）学生能够掌握各类转向系统的工作过程。
3）学生能够掌握转向操纵机构、转向器、转向传动机构的组成和工作过程。
4）学生能够对转向系统进行拆装检查和调整。

学习资源

1）各类汽车维修手册。
2）各种介绍转向系统结构原理的书籍。
3）有关职场健康与安全法律、法规。
4）汽车维修设备使用说明书和安全操作规定。

可供学习的环境和使用的设备

1）车间或模拟车间。
2）个人防护用品和用具。
3）汽车维修检测设备和工具。
4）安全的工作环境和工作场所。
5）教学用车及各种类型的转向器。

单元学习活动

◇ 活动 3.1　认识转向系统类型与运行原理
◇ 活动 3.2　识别机械转向系统
◇ 活动 3.3　机械转向系统性能测试与维护
◇ 活动 3.4　机械转向系统常见故障及排除
◇ 活动 3.5　识别机械液压助力转向系统

◇ 活动 3.6　机械液压助力转向系统性能测试

◇ 活动 3.7　机械液压助力转向器拆装与检修

◇ 活动 3.8　机械液压助力转向系统常见故障及排除

◇ 活动 3.9　识别电控助力转向系统

◇ 活动 3.10　电控助力转向系统故障诊断

单元学习鉴定表

活动3.1　认识转向系统类型与运行原理

活动学习目的

通过该活动的学习，使学生识别转向系统的类型并了解其功能，知道转向系统运行的原理。具体表现为：

1）认识转向系统的类型和组成。

2）识别各转向系统部件并知道其在车上的布置。

3）知道对转向系统的总体要求。

4）知道转向中心、转弯半径和转向梯形的定义。

5）知道转向车轮的运动规律。

学习信息

汽车在行驶中经常需要改变行驶方向，因此用来改变汽车行驶方向的机构称为汽车转向系统。

3.1.1　汽车转向系统的作用

1）驾驶员通过操作转向系统改变转向轮的方向，实现转向。

2）克服路面侧向干扰力使车轮自行产生转向，恢复原来的行驶方向。

3.1.2　转向系统运行原理

1. 对转向系统的总体要求

转向系统的结构和技术性能对汽车的行驶安全至关重要，直接影响驾驶员的劳动强度，因此对转向系统有以下要求：

1）汽车转向系统能够准确按照驾驶员的指令进行转向的能力叫作汽车的操纵性。

2）要求车轮应有正确的运动规律，操纵轻便、灵活。

3）汽车转向系统受到各种外界干扰后，能够保持稳定或恢复原来的行驶方向的能力叫作汽车的稳定性。

2. 认识转向系统运行原理

为了避免在汽车转向时轮胎过快磨损，要求转向系统能保证在汽车转向时，所有车轮均做纯滚动。显然，这只有在所有车轮的轴线都相交于一点时方能实现，此交点（O）称为转向中心，如图 3 – 1 所示。由图 3 – 1 可见，内转向轮偏转角 β 应大于外转向轮偏转角 α，角 α 和 β 的理想关系式为

$$\cot\alpha = \cot\beta + B/L$$

式中：B——两侧主销轴线与地面相交点之间的距离；

$\quad\quad L$——汽车轴距。

实现 $\cot\alpha = \cot\beta + B/L$ 关系的机构称为转向梯形机构，如图 3 – 2 所示。为此必须精心确定转向梯形的几何参数。但是迄今为止，所有汽车的转向梯形实际上都只能设计在一定车轮偏转角范围内，大体上接近于理想关系式。图 3 – 2 中机构由左右梯形臂、横拉杆和前轴组成来实现这一合理的关系。

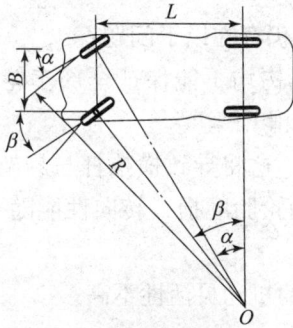

图 3 – 1 汽车转向时两侧转向轮的关系 　　　图 3 – 2 转向梯形示意图

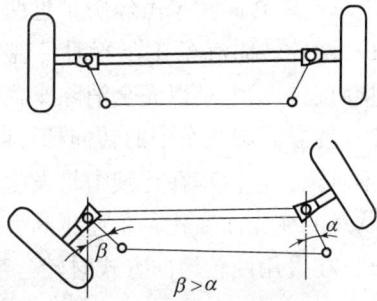

由转向中心 O 到外转向轮与地面接触点的距离称为汽车转弯半径。转弯半径越小，汽车转向所需要的场地就越小。当外转向轮偏转角达到最大值 $\alpha_{\max}$ 时，转弯半径 R 最小。最小转弯半径 $R_{\min}$ 与 $\alpha_{\max}$ 的关系为

$$R_{\min} = L/\sin\alpha_{\max}$$

3.1.3　转向系统类型

目前的轿车转向分为两轮转向（2WS）和四轮转向（4WS），前者普遍使用，后者是近年才出现的一种新技术，主要应用在一些比较高级或新型的轿车上。

1. 两轮转向（2WS）

（1）定义

两轮转向是指前轮转向而后轮不转向，转向中心在后轴的延长线上，如图 3 – 3 所示。

（2）两轮转向的几何运动关系

2WS 中只有前轮转向产生离心力，而路面侧向力产生围绕重心的力矩，使车身围绕重心横向摆动，如图 3 – 4 所示，操纵稳定性降低。理想的高速行驶方向是车身方向与行进方向尽可能一致，以抑制横向摆动。

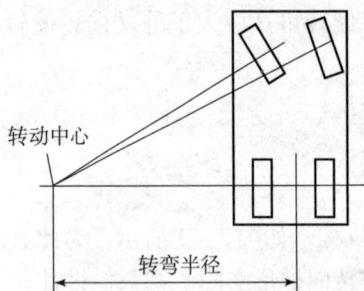

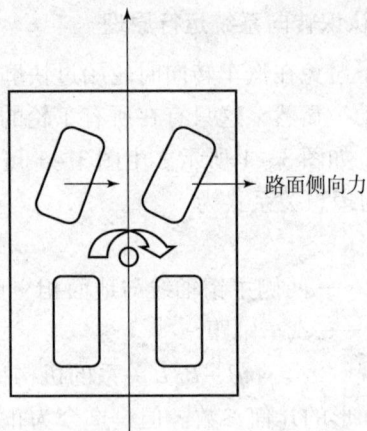

图 3-3　两轮转向示意图　　　　图 3-4　2WS 几何运动

（3）两轮转向缺点

汽车两轮转向技术虽经历了近两百年的发展，但仍存在以下问题：

1）两轮转向汽车在转弯时，现有的各类转向机构均不能保证全部车轮绕瞬时中心转动，从而在技术上难以完全消除车辆行驶中的车轮侧滑。

2）独立悬架汽车中的转向梯形断开点难以确定，这将导致横拉杆与悬架导向机构之间运动不协调，使汽车在行驶中易发生摆振，从而加剧轮胎磨损，转向性能随车速、转向角、路面状态的变化而变化，车速越高，操纵稳定性越差。

3）在采用两轮转向方式时转弯半径较大，汽车的机动灵活性不高。

2. 四轮转向（4WS）

（1）定义

所谓四轮转向，是指车辆在行驶过程中四个车轮能同时发生偏转的转向方式，其中后轮偏转角一般不超过 5°。根据转向时前、后轮偏转方向的异同分为同向偏转（即后轮转动方向与前轮转动方向相同）和逆向偏转（即后轮转动方向与前轮转动方向相反）两类。

（2）四轮转向几何运动关系

1）4WS 在低速时运动关系分析。

当汽车在狭小的停车场转弯时，停车是否容易取决于转弯半径。4WS 汽车在低速时后轮转向与前轮相反，此时其转弯半径比 2WS 汽车转弯半径要小得多，如图 3-5 所示。

2）4WS 在中速时运动关系分析。

在中速行驶时，后轮笔直，这时的转向就是前面介绍的两轮转向。

3）4WS 在高速时运动关系分析。

在高速行驶时，前、后轮转向相同，如图 3-6 所示。前、后轮同时产生离心力，路面的侧向力围绕重心的力矩互相平衡，抑制横向摆动，保证了操纵稳定性。

4WS 在高速行驶且受到侧向风力或路面干扰力时，车身姿态变化小，便于方向盘修正。在高速行驶时，后轮与前轮同向转动，且转角小，从转向盘到后轮转向的时间很短，转弯时车身姿态变化小，即目标行驶路线的跟踪性好，如图 3-6 所示，车身方向与实际前进方向没有很大区别，在高速行驶时有稳定感。

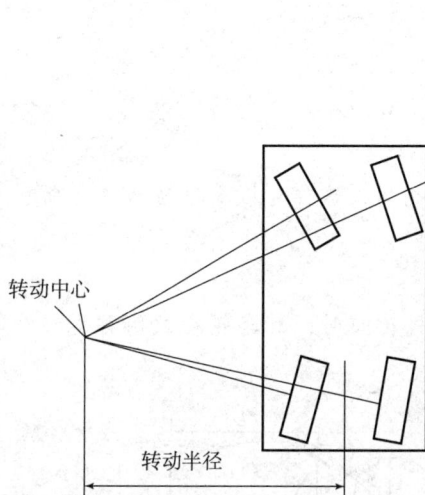

图3-5 4WS 在低速时运动关系

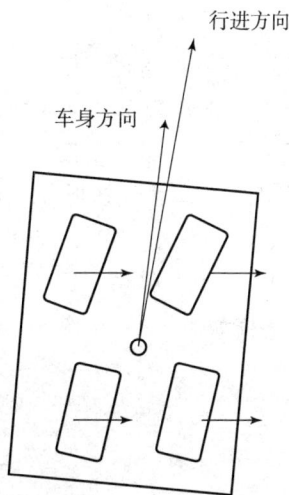

图3-6 4WS 高速时运动关系

（3）四轮转向的优点

与普通的两轮转向汽车（2WS）相比，4WS 汽车具有以下优点：

1）缩小了车辆低速转向时的转弯半径。在低速转向时，车辆因前、后轮的反向转向能够缩小转弯半径达 20%。

2）明显改善车辆高速行驶的稳定性。当在高速行驶中转向时，四轮转向系统可通过后轮与前轮的同向转向有效降低或消除车辆侧滑事故发生的概率。

3）转向操作的响应加快，准确性提高。

4）转向操作的机动灵活性和行驶稳定性提高。

5）抗侧向干扰的稳定性效果好。

6）超车时，变换车道更容易，减小了汽车产生摆尾和侧滑的可能性。

（4）四轮转向的缺点

1）低速转向时，汽车尾部容易碰到障碍物。

2）实现理想控制的技术难度大。

3）转向系统结构复杂、成本高。

回答下列问题

1. 四轮转向的优点有哪些？

_____

_____。

2. 判断下面说法的正确性，并在后面打上"☒"或"☑"。

1）轮式汽车改变行驶方向的方法是使汽车转向桥相对于汽车纵轴线偏转一定角度。

正确 □   错误 □

2）转向系统传动比一般是指转向盘的转角与安装在转向盘一侧的转向车轮偏转角的

单元 3 汽车转向系统维修

081

比值。

正确 □   错误 □

3）为使汽车正常转向，要保持转向轮有正确的滚动和滑动。

正确 □   错误 □

4）四轮转向汽车在低速时前、后轮转向角度相同，这样可以减小转弯半径而增加汽车灵活性。

正确 □   错误 □

3. 当车辆按如图3-7和图3-8所示两种形式转向时，其车轮在做何种运动？其转向的效果是什么？

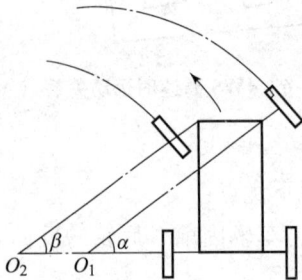

图3-7 $\alpha=\beta$ 时转向示意图   图3-8 汽车转向时理想的两侧转向轮偏转角关系

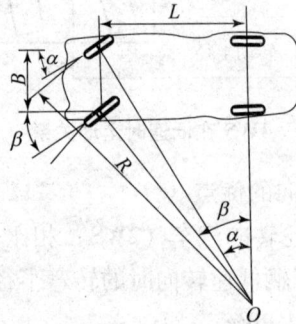

1）当 $\alpha=\beta$ 时：

回转中心：_____。

轮胎运动：_____。

这样的转向系统会造成行驶阻力增加，轮胎磨损和油耗增加。

2）当 $\beta>\alpha$，且 $\cot\alpha=\cot\beta+B/L$ 时：

回转中心：_____。

轮胎运动：_____。

这种转向系统会减少行驶阻力，转向容易，能减少轮胎磨损和油耗。

4. 车辆的转向梯形机构由哪些零件组成？转向梯形的作用是什么？

_____

_____

_____

完成下列任务

1. 对照各类型转向系统实物，认识其组成元件并说出其作用。

2. 对照实物口述四轮转向系统的转向过程。

✿ 活动 3.2　识别机械转向系统

🏁 活动学习目的

通过该活动的学习，使学生认识机械转向系统的各零件及其功能。具体表现为：
1）识别转向操纵机构零件。
2）知道各类安全转向柱的工作原理。
3）知道可调节式转向柱的工作原理。
4）识别各类转向器零件及工作原理。
5）识别转向传动机构零件及工作过程。

✎ 学习信息

3.2.1　机械转向系统的组成与工作过程

机械转向系统以驾驶员的体力作为转向能源，其中所有传力件都是机械部件。本活动将对机械转向系统的零件进行识别。

（1）组成

机械转向系统由转向操纵机构、转向器和转向传动机构三大部分组成。

（2）工作过程

如图 3-9 所示，汽车转向时，驾驶员转动转向盘 1，通过转向轴 2、转向万向节 3 和转向传动轴 4，将转向力矩输入转向器 5。从转向盘 1 到转向传动轴 4 这一系列部件即属于转向操纵机构。

经转向器 5 传到转向摇臂 6，再通过转向直拉杆 7 传给固定于左转向节 9 上的转向节臂 8，使左转向节 9 及装于其上的左转向轮绕主销偏转。当左转向节偏转时经梯形臂 10、转向横拉杆 11 和梯形臂 12 的传递，右转向节 13 及装于其上的右转向轮随之绕主销同向偏转相应的角度。

转向摇臂 6、转向直拉杆 7、转向节臂 8、梯形臂 10 和 12 及转向横拉杆 11 组成转向传动机构。

梯形臂 10 和 12 以及转向横拉杆 11 和前轴构成转向梯形，其作用是在汽车转向时，使内、外转向轮按一定规律进行偏转。

3.2.2　识别转向操纵机构零件

转向操纵机构由转向盘、转向轴、转向管柱等组成，它的作用是将驾驶员转动转向盘的操纵力传给转向器。

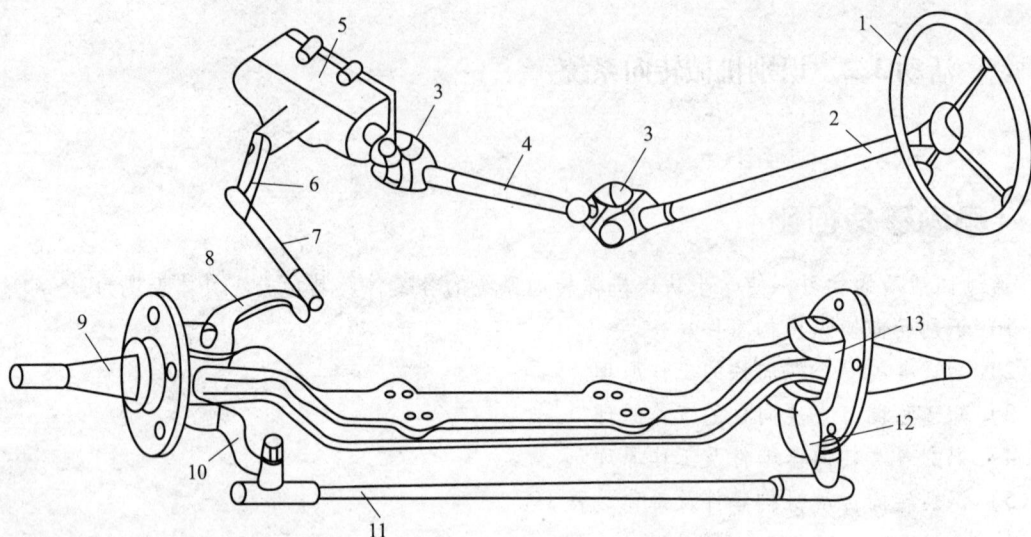

图 3－9　机械转向系统示意图

1—转向盘；2—转向轴；3—转向万向节；4—转向传动轴；5—转向器；6—转向摇臂；7—转向直拉杆；
8—转向节臂；9—左转向节；10，12—梯形臂；11—转向横拉杆；13—右转向节

1. 转向盘

转向盘即通常所说的方向盘，由轮缘、轮辐和轮毂组成，如图 3－10 所示。转向盘轮毂的细牙内花键与转向轴连接，转向盘上都装有喇叭按钮，有些轿车的转向盘上还装有车速控制开关。转向盘外皮要求有某种程度的柔软度，手感良好，且能防止手心出汗打滑，并耐热。

2. 转向轴和转向管柱

转向轴是连接转向盘和转向器的传动件，转向管柱固定在车身上，转向轴从转向管柱中穿过，支承在转向管柱内的轴承或衬套上。

3.2.3　安全转向操纵机构

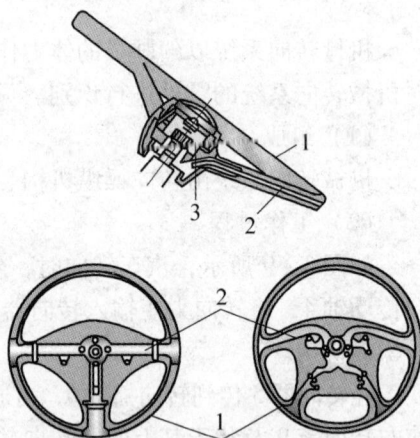

图 3－10　转向盘的构造
1—轮缘；2—轮辐；3—轮毂

轿车除要求装有吸能式转向盘外，还要求转向管柱必须装备能够缓和冲击的吸能装置，以吸收冲击能量，从而减小驾驶员在发生碰撞时受到的伤害。

1. 可分离式安全转向操纵机构

（1）结构

上海桑塔纳轿车采用了可分离式安全转向操纵机构，图 3－11（a）所示为转向操纵机构的正常工作位置。此类转向操纵机构的转向轴分为上下两段，用安全联轴节连接，上转向轴 2 下部弯曲并在端面上焊接有半月形凸缘盘 8，盘上装有两个驱动销 7，与下转向轴 1 上端凸缘 6 压装有尼龙衬套和橡胶圈的孔相配合，形成安全联轴节。

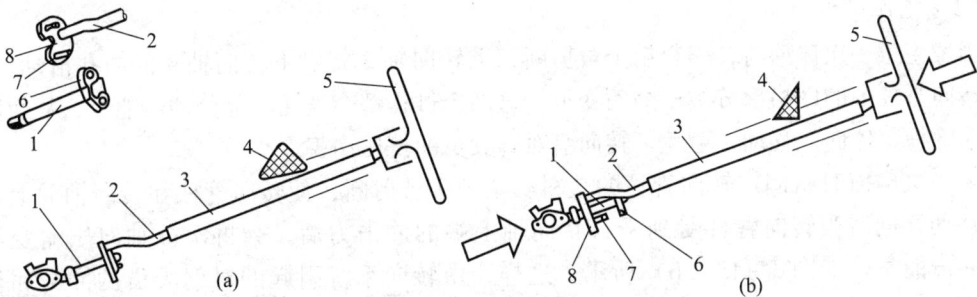

图3-11 可分离式安全转向操纵机构

1—下转向轴；2—上转向轴；3—转向管柱；4—可折叠安全元件；
5—转向盘；6—凸缘；7—驱动销；8—半月形凸缘盘

（2）工作过程

一旦发生撞车事故，驾驶员因惯性而以胸部扑向转向盘5时，迫使转向管柱3压缩位于转向管柱上方的可折叠安全元件4而使其向下移动，使两个驱动销7迅速从下转向轴凸缘6的孔中退出，从而形成缓冲而减少对驾驶员的伤害，如图3-11（b）所示。图3-12所示为转向盘受撞击时，上下转向轴脱开的情形。

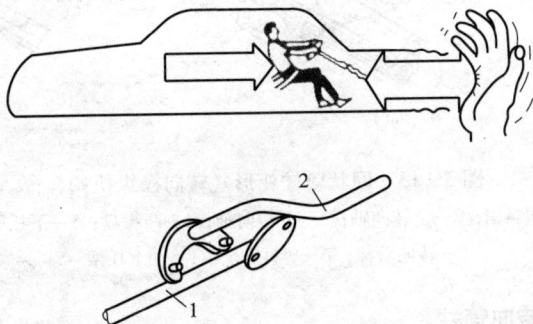

图3-12 碰撞时转向轴状态

1—下转向轴；2—上转向轴

2. 网状管柱变形式转向操纵机构

（1）结构

这种转向操纵机构的转向轴分为上、下两段，如图3-13（a）所示。上转向轴2套装在下转向轴3的内孔中，两者通过塑料销1结合在一起（也有采用细花键结合的），以传递转向力矩。塑料销的传力能力受到严格限制。塑料销既能可靠地传递转向力矩，又能在受到冲击时被剪断，因此起安全销的作用。

这种转向操纵机构转向管柱6的部分管壁制成网格状，使其在受到压缩时很容易产生轴向变形，并消耗一定的变形能量，如图3-13（b）所示。另外，车身上固定转向管柱的上托架8也是通过两个塑料安全销7与转向管柱连接的。当这两个安全销被剪断后，整个管柱就能前后自由移动了。

（2）工作过程

当发生第一次碰撞时，塑料销 1 被剪断，上转向轴 2 将沿下转向轴 3 的内孔滑动伸缩，同时转向管柱上的网格部分被压缩而变形，这两个过程都会消耗一部分冲击能量，从而阻止了转向管柱整体向上移动，避免了转向盘对驾驶员的挤压伤害。

第二次碰撞时，固定转向管柱的塑料安全销 7 被剪断，使转向管柱和转向轴的上端能自由移动，同时当转向管柱受到来自转向轴上端的冲击力后，会再次被轴向压缩变形并消耗冲击能量，如图 3－13（b）所示。这样，由转向系统引起的对驾驶员的冲击和伤害就被大大降低了。

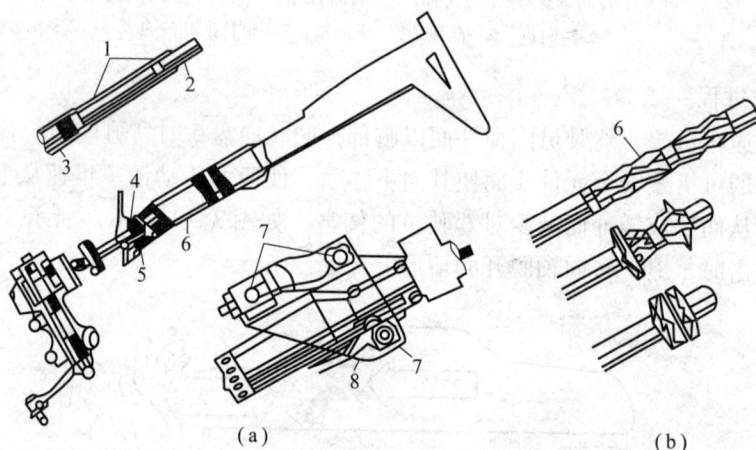

图 3－13　网状管柱变形式转向操纵机构
1—塑料销；2—上转向轴；3—下转向轴；4—凸缘盘；5—下托架；
6—转向管柱；7—塑料安全销；8—上托架

3. 钢球滚压变形式转向管柱

（1）结构

图 3－14（a）所示为一种用钢球连接的分开式转向管柱。转向轴分为上转向轴和套在上转向轴上的下转向轴两部分，二者用塑料销钉连成一体。转向管柱也分为上转向管柱和下转向管柱两部分，上、下管柱之间装有钢球，下转向管柱外径与上转向管柱内径之间的间隙比钢球直径稍小。上、下管柱连同管柱托架通过特制橡胶垫固定在车身上，橡胶垫则利用塑料销钉与托架连接。

（2）工作过程

当发生第一次碰撞时，将连接上、下转向轴的塑料销钉切断，下转向轴便套在上转向轴上向上滑动，如图 3－14（b）所示。在这一过程中，上转向轴和上转向管柱的空间位置没有因冲击而上移，故可使驾驶员免受伤害。

第二次碰撞时，则连接橡胶垫与管柱托架的塑料销钉被切断，托架脱离橡胶垫，即上转向轴和上转向管柱连同转向盘、托架一起，相对于下转向轴和下转向管柱向下滑动，从而减缓了对驾驶员胸部的冲击。

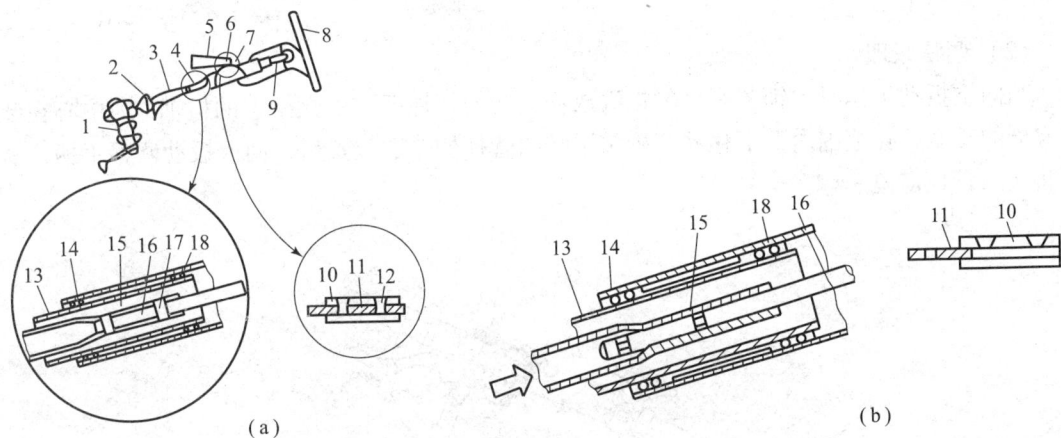

图 3 - 14   刚球滚压变形式转向管柱

1—转向器总成；2—挠性联轴节；3，13—下转向管柱；4，14—上转向管柱；5—车身；6，10—橡胶垫；

7，11—转向管柱拖架；8—转向盘；9，16—上转向轴；12，17—塑料销钉；15—下转向轴；18—刚球

4. 波纹管变形吸能式转向操纵机构

（1）结构

如图 3 - 15 所示，波纹管变形吸能式转向操
纵机构的转向轴和转向管柱都分成两段，上转向
轴 3 和下转向轴 1 之间通过细齿花键 5 结合并传
递转向力矩，同时它们两者之间可以做轴向伸缩
滑动。在下转向轴 1 的外边装有波纹管 6，它在
受到冲击时能轴向收缩变形并消耗冲击能量。下
转向管柱 7 的一盲端套在上转向管柱里面，但两
者不直接连接，而是通过管柱压圈和限位块 2 分
别对它们进行定位。

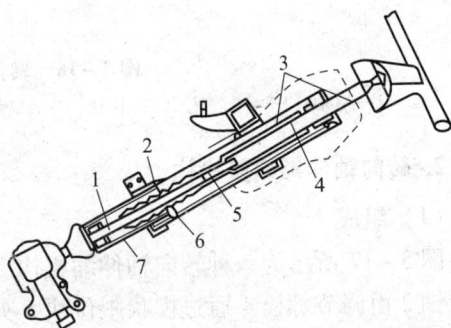

图 3 - 15   波纹管变形吸能式转向操纵机构

1—下转向轴；2—限位块；3—上转向轴；

4—上转向管柱；5—细齿花键；

6—波纹管；7—下转向管柱

（2）工作过程

当汽车撞车时，下转向管柱 7 向上移动，在第一次碰撞力的作用下限位块 2 首先被剪断
并消耗能量，同时转向管柱和转向轴都做轴向收缩。在受到第二次碰撞时，上转向轴 3 下
移，压缩波纹管 6 使之收缩变形并消耗冲击能量。

3.2.4   转向轴调整机构

为了适应不同驾驶员的驾驶习惯和对驾驶舒适性的要求，有的车转向轴的角度和轴向位
置是可以调节的。转向轴调节的形式分为倾斜角度调节和轴向位置调节两种。

1. 转向轴倾斜角度调整机构

（1）组成

图 3 - 16 所示为转向轴倾斜角度调整机构。转向管柱 2 的上端和下端分别通过倾斜调整
支架 7 与下托架 6 和车身相连，而且转向管柱由倾斜调整支架夹持并固定。倾斜调整用的锁
紧螺栓 5 穿过倾斜调整支架 7 上的长孔 3 和转向管柱，螺栓的左端为左旋螺纹，调整手柄 4

即拧在该螺纹上。

（2）调整原理

当向下扳动手柄时，锁紧螺栓的螺纹放松，转向管柱即以下托架上的枢轴1为中心在装有螺栓的支架长孔范围内上下移动。确定了转向管柱的合适位置后，向上扳动调整手柄，从而将转向管柱定位。

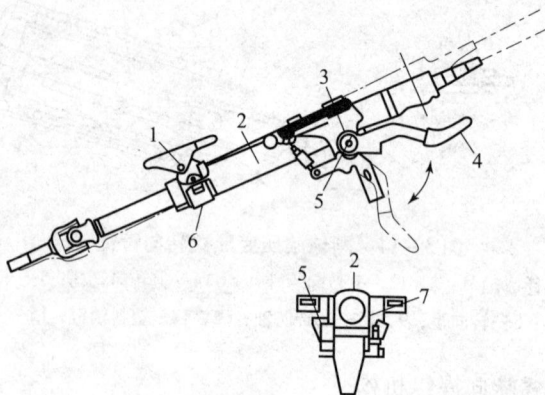

图3-16 转向轴倾斜角度调整机构
1—枢轴；2—转向管柱；3—长孔；4—调整手柄；5—锁紧螺栓；6—下托架；7—倾斜调整支架

2. 转向轴伸缩调整机构

（1）组成

图3-17所示为一种转向轴伸缩机构。转向轴分为上、下两段，二者通过花键连接。上转向轴2由调节螺栓4通过楔状限位块5夹紧定位。调节螺栓的一端拧有调节手柄3。

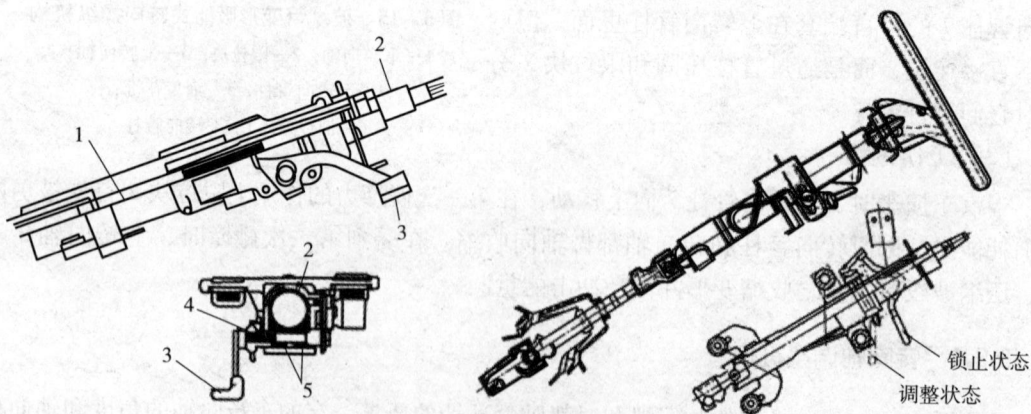

锁止状态
调整状态

图3-17 转向轴伸缩机构
1—下转向轴；2—上转向轴；3—调节手柄；4—调节螺栓；5—楔状限位块

（2）调整原理

当需要调整转向轴的轴向位置时，先向下推调节手柄3，使限位块松开，再轴向移动转向盘，调到合适的位置后向上拉调节手柄，将上转向轴锁紧定位。

3.2.5 识别转向器零件

转向器是转向系统中的减速传动装置，按其传动副的结构型式分为循环球式、齿轮齿条式、曲柄指销式等。现代轿车上常用的是齿轮齿条式转向器，大货车、客车上常用的是循环球式转向器。

1. 转向器的几个概念

传动效率：转向器的输出功率与输入功率之比，称为转向器传动效率。

正效率：功率由转向盘传到转向摇臂时求得的传动效率称为正效率。

逆效率：转向摇臂受到的道路冲击力传到转向盘时求得的传动效率称为逆效率。

可逆式转向器：逆效率高的转向器容易将经转向传动机构传来的路面反力传到转向盘上，故称其为可逆式转向器。可逆式转向器有利于转向后的车轮自动回正，但也能将坏路面对车轮的冲击力传到转向盘上而出现"打手"现象。

不可逆式转向器：逆效率很低的转向器称为不可逆式转向器。不平道路对转向轮的冲击载荷不会传到转向盘上，而是由其中各传动零件承受，不会出现"打手"现象，但是转向盘的回正力矩同样不能传到转向盘而使之回到中立位置，导致驾驶员不能得到路面反馈的信息而丧失"路感"。

极限可逆式转向器：作用力由转向盘很容易传到转向摇臂，而转向摇臂受到的冲击力只有在很大时才能传到转向盘上，这种转向器称为极限可逆式转向器。驾驶员有一定路感，可实现自动回正。

在良好路面行驶的车辆采用可逆式转向器，中型以上的越野车、工矿自卸车多采用极限可逆式转向器。

2. 齿轮齿条式转向器

（1）结构

图 3-18 所示为齿轮齿条式转向器，它主要由转向器壳体 8、转向齿轮 9、转向齿条 5 等组成。转向器通过转向器壳体 8 的两端用螺栓固定在车身（车架）上。齿轮轴 6 通过球轴承 7、滚柱轴承 10 垂直安装在壳体中，其上端通过花键与转向轴上的万向节（图 3-18 中未画出）相连，其下部是与轴制成一体的转向齿轮 9。转向齿轮 9 是转向器的主动件，与它相啮合的从动件转向齿条 5 水平布置。该转向器主要用在小型轿车上。

（2）工作过程

转动转向盘时，转向齿轮 9 转动，与之相啮合的转向齿条 5 沿轴向移动，转向齿条 5 的中部通过拉杆支架 12 与左、右转向横拉杆 11 连接，从而使左、右转向横拉杆带动转向节 13 转动，使转向轮偏转，实现汽车转向。

3. 循环球式转向器

循环球式转向器在载荷汽车中应用较广泛，转向器中有两级传动副，第一级是螺杆螺母传动副，第二级是齿条齿扇传动副。

（1）结构

图 3-19 所示为循环球式转向器，主要由转向螺杆 3、转向螺母 5、齿扇 8 和齿扇轴 9 等组成。

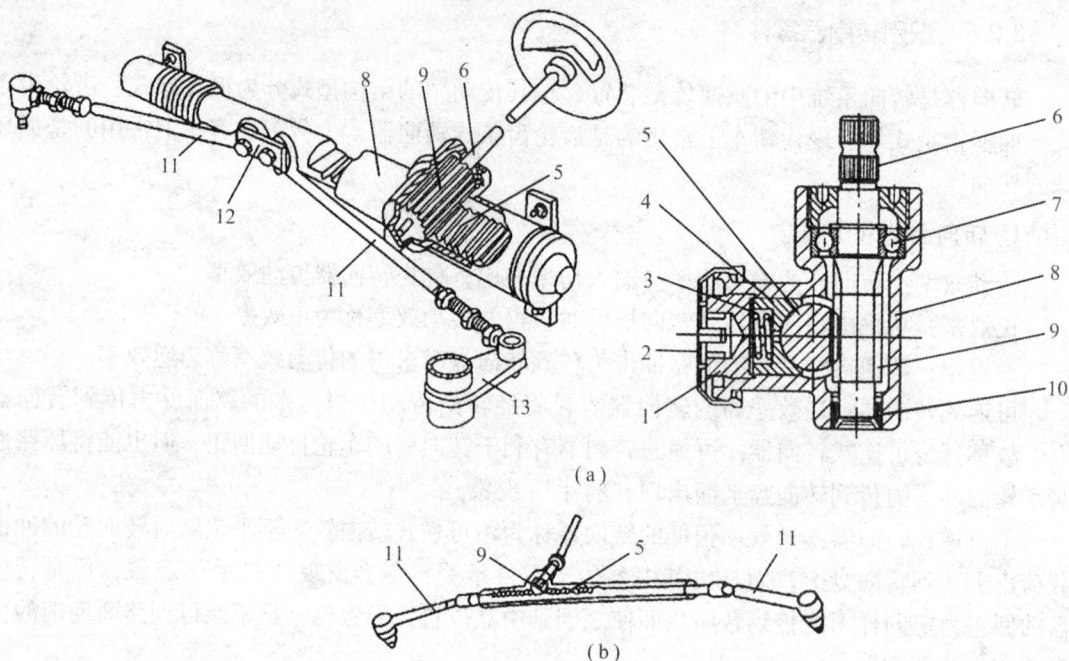

图 3-18 齿轮齿条式转向器

1—调整螺塞；2—罩盖；3—压簧；4—压簧垫块；5—转向齿条；6—齿轮轴；7—球轴承；
8—转向器壳体；9—转向齿轮；10—滚柱轴承；11—转向横拉杆；12—拉杆支架；13—转向节

（2）工作过程

通过转向盘和转向轴转动转向螺杆 3 时，转向螺母 5 轴向移动，并驱动齿扇 8 转动，齿扇连在齿扇轴上而驱动齿扇轴 9 转动。

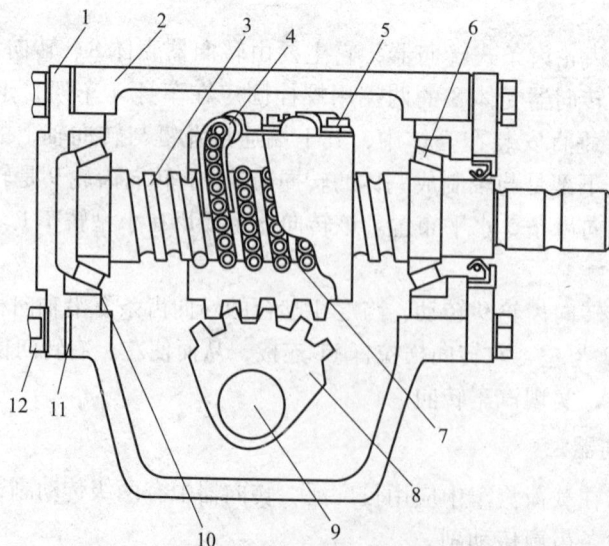

图 3-19 循环球式转向器

1—转向器壳体底盖；2—转向器壳体；3—转向螺杆；4—钢球导管；5—转向螺母；
6，10—轴承；7—钢球；8—齿扇；9—齿扇轴；11—调整垫片；12—螺母

4. 蜗杆曲柄指销式转向器

（1）结构

图3-20所示为蜗杆曲柄指销式转向器，它主要由转向器壳体6、转向蜗杆4、指销2和转向摇臂轴5等组成。

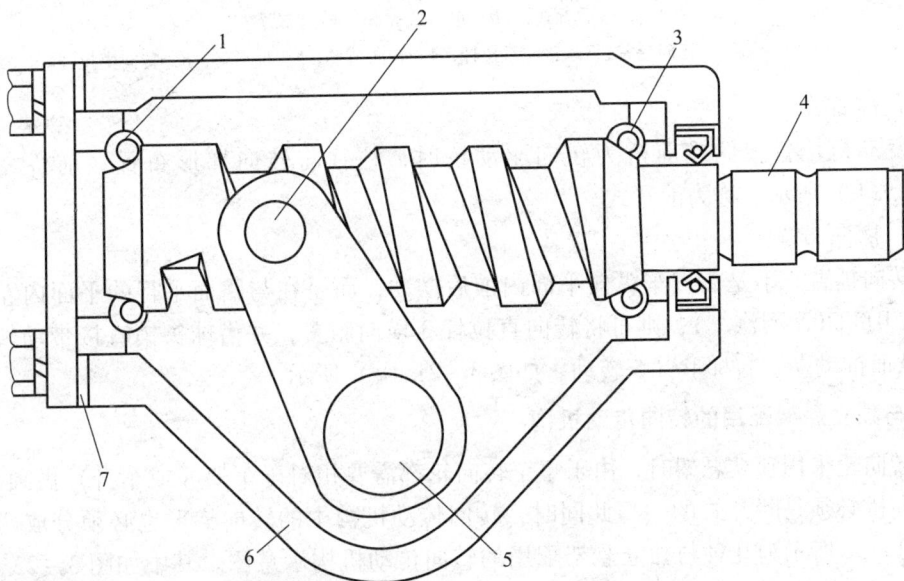

图3-20 蜗杆曲柄指销式转向器

1，3—推力球轴承；2—指销；4—转向蜗杆；5—转向摇臂轴；6—转向器壳体；7—调整垫片

（2）工作过程

转向蜗杆转动时，与之啮合的指销即绕转向摇臂轴5的轴线沿圆弧运动，并带动摇臂轴转动。转向蜗杆4为主动件，其从动件是装在摇臂轴曲柄端部的指销2。

3.2.6 认识转向传动机构的布置

转向传动机构的作用是将转向器输出的力和运动传给转向轮，使两侧转向轮偏转以实现汽车转向。因转向传动机构与汽车悬架的布置相配合，所以它一般分为与非独立悬架配用的转向传动机构和与独立悬架配用的转向传动机构。

1. 与非独立悬架配用的转向传动机构

与非独立悬架配用的转向传动机构如图3-21所示，其一般由转向摇臂2、转向直拉杆3、转向节臂4、两个梯形臂5和转向横拉杆6等组成。各杆件之间都采用球形铰链连接，并设有防止松动、缓冲吸振、自动消除磨损后的间隙等结构。

（1）后置式

当前桥仅为转向桥时，由左、右梯形臂5和转向横拉杆6组成的转向梯形一般布置在前桥之后，如图3-21（a）所示，称为后置式。这种布置简单方便，且后置的转向横拉杆6有前面的车桥做保护，可避免直接与路面障碍物相碰撞而损坏。

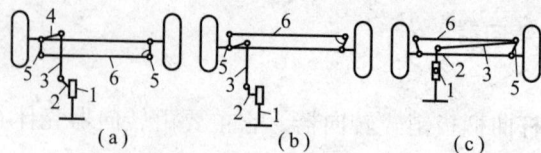

图 3-21 与非独立悬架配用的转向传动机构示意图

(a) 后置式；(b) 前置式；(c) 横向布置

1—转向器；2—转向摇臂；3—转向直拉杆；4—转向节臂；5—梯形臂；6—转向横拉杆

（2）前置式

当发动机位置较低或前桥为转向驱动桥时，往往将转向梯形布置在前桥之前，如图 3-21（b）所示，称为前置式。

（3）横向布置

若转向摇臂 2 不是在汽车纵向平面内前后摆动，而是在与路面平行的平面内左右摆动（如北京 BJ2020N 型汽车），则可将转向直拉杆 3 横向布置，并借球头销直接带动转向横拉杆 6，从而推动左、右梯形臂 5 转动，如图 3-21（c）所示。

2. 与独立悬架配用的转向传动机构

当转向轮采用独立悬架时，由于每个转向轮都需要相对于车架（或车身）做独立运动，所以转向桥必须是断开式的。与此同时，转向传动机构中的转向梯形也必须分成两段或三段。图 3-22 所示为几种与独立悬架配用的转向传动机构示意图。其中如图 3-22（a）和图 3-22（b）所示机构与循环球式转向器配用，如图 3-22（c）和图 3-22（d）所示机构与齿轮齿条式转向器配用。

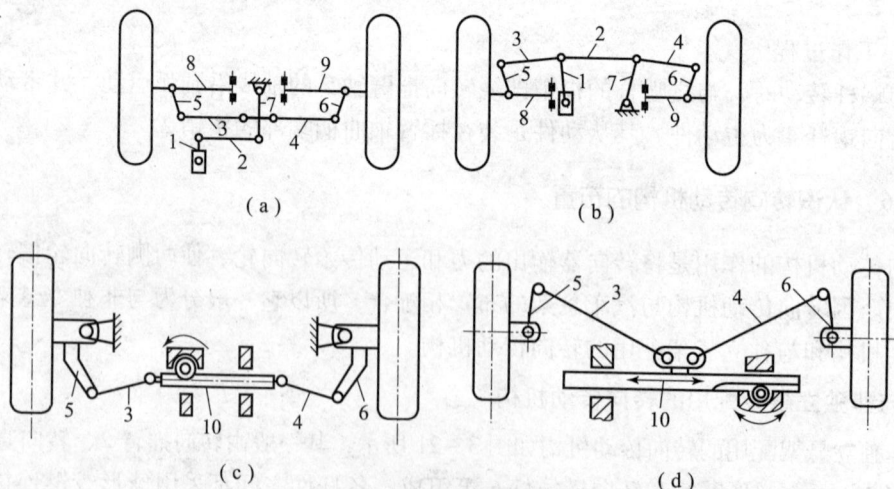

图 3-22 与独立悬架配用的转向传动机构示意图

1—转向摇臂；2—转向直拉杆；3—左转向横拉杆；4—右转向横拉杆；5—左梯形臂；6—右梯形臂；7—摇杆；8—悬架左摆臂；9—悬架右摆臂；10—齿轮齿条式转向器

3.2.7 识别转向传动机构零件

1. 转向摇臂

图 3-23 所示为常见转向摇臂的结构形式，其结构特点如下：

大端：大端具有三角细花键锥形孔，用以与转向摇臂轴外端相连接，并用螺母固定。

小端：小端带有球头销，以便与转向直拉杆做空间铰链连接。转向摇臂安装后，从中间位置向两边摆动的角度应大致相等，故在把转向摇臂安装到摇臂轴上时，二者相应的角度位置应正确。

安装记号：在摇臂大孔外端面和摇臂轴的外端面上均刻有短线，或是在二者的花键部分都少铣一个齿作为装配标记。装配时应将标记对齐。

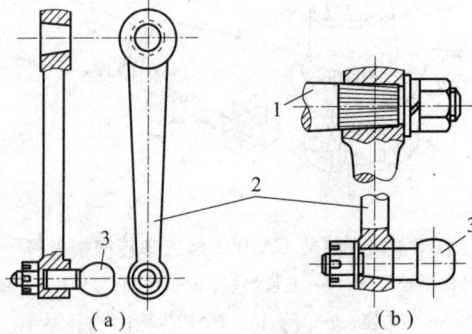

图 3 – 23　转向摇臂

1—转向摇臂轴；2—转向摇臂；3—球头销

2. 转向直拉杆

图 3 – 24 所示为解放 CA1092 型汽车转向直拉杆。直拉杆体由两端扩大的钢管制成，在扩大的端部里装有由球头销、球头座、弹簧座、压缩弹簧和螺塞等组成的球铰链。球头销的锥形部分与转向摇臂连接，并用螺母固定；其球头部分的两侧与两个球头座配合，前球头座靠在端部螺塞上，后球头座在弹簧的作用下压靠在球头一侧，这样两个球头座就将球头紧紧夹持住。为保证球头与球头座的润滑，可从油嘴注入润滑脂。拆装时供球头出入的直拉杆体上的孔口用油封垫的护套盖住，以防止润滑脂流出和污物侵入。

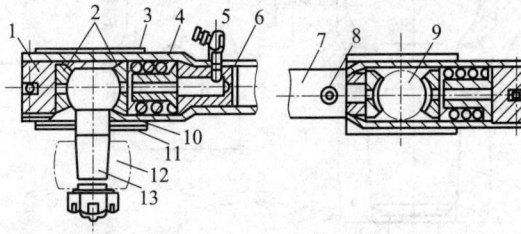

图 3 – 24　解放 CA1092 型汽车转向直拉杆

1—端部螺塞；2—球头座；3—压缩弹簧；4—弹簧座；5，8—油嘴；6—座塞；7—直拉杆体；9—转向节臂球头销；10—油封垫；11—油封垫护套；12—转向摇臂；13—球头销

压缩弹簧能自动消除因球头与球头座磨损而产生的间隙，弹簧座的小端与球头座之间留有不大的间隙，作为弹簧缓冲的余地，并可限制缓冲时弹簧的压缩量（防止弹簧过载）。此外，当弹簧折断时此间隙可保证球头销不致从管孔中脱出。端部螺塞可以调整此间隙，调整间隙的同时也调整了前弹簧的预紧度，调好后用开口销固定螺塞的位置，以防松动。

3. 转向横拉杆

图 3 – 25 所示为解放 CA1092 型汽车转向横拉杆。转向横拉杆体 1 用钢管制成，其两端切有螺纹，一端为右旋，一端为左旋，与横拉杆接头 3 旋装连接。两端接头结构相同，接头的螺纹孔壁上开有轴向切口，故具有弹性，旋装到杆体上后可用夹紧螺栓 2 夹紧。旋松夹紧螺栓以后，转动横拉杆体，可改变转向横拉杆的总长度，从而调整转向轮前束。

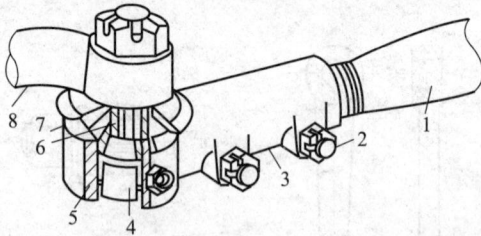

图 3 – 25 解放 CA1092 型汽车转向横拉杆

1—转向横拉杆体；2—夹紧螺栓；3—横拉杆接头；4—弹簧；
5—球头座；6—球头销；7—防尘垫；8—梯形臂

在横拉杆两端的接头上均装有由球头销等零件组成的球形铰链，如图 3 – 26 所示。球头销 1 的球头部分被夹在上、下球头座 5 和 4 内。装配时上、下球头座凹凸部分互相嵌合。圆锥弹簧 8 压向球头座，以保证两球头座与球头的紧密接触，在球头和球头座磨损时能自动消除间隙，同时还能起缓冲作用。弹簧的预紧力由调整螺塞 9 调整。球形铰链上部有防尘罩 3，以防止尘土侵入。球头销的尾部锥形柱与转向梯形臂连接，并用螺母固定，用开口销锁紧。

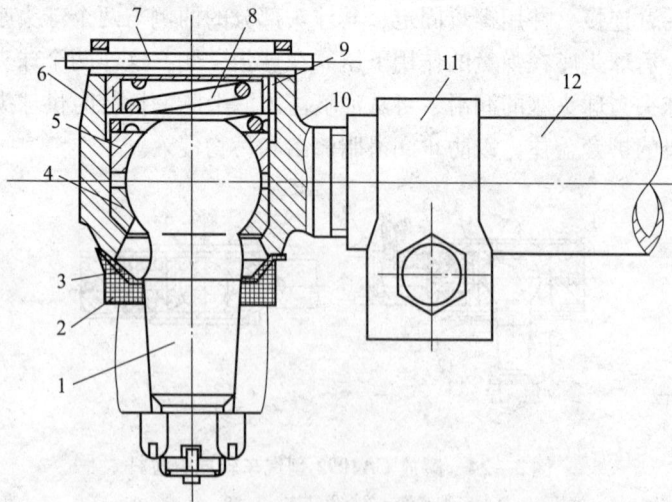

图 3 – 26 东风 EQ1090E 型汽车转向横拉杆接头

1—球头销；2—密封圈；3—防尘罩；4—下球头座；5—上球头座；6—限位套；
7—开口销；8—圆锥弹簧；9—调整螺塞；10—左接头；11—卡箍；12—横拉杆体

4. 转向节臂和梯形臂

解放 CA1092 型汽车的转向节臂和梯形臂如图 3 – 27 所示。转向横拉杆通过转向节臂与转向节相连。转向横拉杆两端经左、右梯形臂与转向节相连。转向节臂与梯形臂带锥形柱的一端和转向节锥形孔相配合，用键防止螺母松动。臂的另一端带有锥形孔，与相应的拉杆球头销锥形柱相配合，同样用螺母紧固后插入开口销锁住。

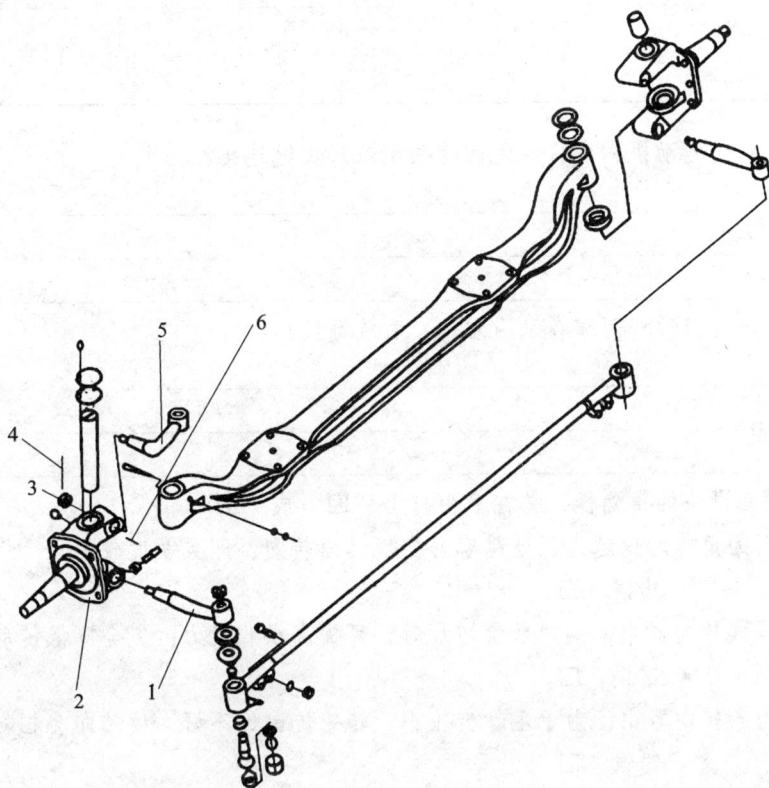

图 3-27 解放 CA1092 型汽车转向节臂和梯形臂

1—左转向梯形臂；2—转向节；3—锁紧螺母；4—开口销；5—转向节臂；6—键

回答下列问题

1. 可分离式安全转向操纵机构是如何实现安全保护作用的？

_____

_____ 。

2. 齿轮齿条转向器和循环球转向器的工作原理是什么？

_____

_____ 。

3. 根据所学知识完成表 3-1。

表 3-1

类型	优点	缺点	用途
可逆式转向器			
不可逆式转向器			
极限可逆式转向器			

4. 为什么转向传动机构各杆件之间都采用球形铰链连接？

_____

_____。

5. 为什么转向横拉杆两端各采用左旋、右旋螺纹？

_____

_____。

6. 判断下面说法的正确性，并在后面打上"☒"或"☑"。

1）转向器的角传动比越大，就越容易实现迅速转向，即灵敏度较高。

正确 □　　　错误 □

2）循环球式转向器中，钢球数量增加时，可提高承载能力，但会降低传动效率。

正确 □　　　错误 □

3）齿轮齿条转向器中，由于主动齿轮小，转矩传递性不好，故转向会相对较重。

正确 □　　　错误 □

4）转向传动机构的功用是将转向器输出的力和运动传到转向桥两边的转向节，使两侧转向轮偏转。

正确 □　　　错误 □

5）对于高速轿车，要求有较高的转向灵敏度，故转向器传动比的变化规律应是中间大、两头小。

正确 □　　　错误 □

6）蜗杆与滚轮的啮合间隙调整要适合，过大会影响转向力，过小会加速传动副磨损。

正确 □　　　错误 □

7. 选择正确的答案填在括号里。

1）汽车在行驶过程中，路面作用在车轮上的力经过转向系统可大部分传递给方向盘，这种转向器称为（　　）转向器。

A. 可逆式　　　　B. 不可逆式　　　　C. 极限可逆式　　　　D. 极限不可逆式

2）汽车方向盘不稳的原因不可能是（　　）。

A. 转向节主销与铜套磨损严重，配合间隙过大

B. 转向机蜗杆轴承装配过紧

C. 前束过大

D. 横直拉杆球节磨损松动

3）对于横拉杆调整前束的中间杆，以下说法正确的是（　　）。

A. 两端都是左旋螺纹

B. 两端都是右旋螺纹

C. 一端为左旋螺纹，另一端为右旋螺纹

4）有些汽车前轮采用独立悬架，所以转向梯形机构中的横拉杆应做成（　　）。

A. 断开式　　　　　　B. 整体式　　　　　　C. 组合式

完成下列任务

1. 在教师提供的车辆上指出转向操纵机构的部件。

2. 在教师提供的车辆上调节转向柱的倾斜角度和轴向位置。

3. 在拆开的循环球式、齿轮齿条式、蜗杆曲柄指销式转向器上指出各个零件的名称，并说明其转向动力传递过程。

4. 在教师提供的车辆上指出转向传动机构零件，并说明其传动过程。

5. 在教师提供的不同车辆上对独立悬架和非独立悬架的转向传动机构进行识别。

活动 3.3　机械转向系统性能测试与维护

活动学习目的

通过该活动的学习，掌握机械转向系统性能测试仪器的作用，知道如何对转向器、转向传动机构进行检查和调整，具体表现为：

1）知道机械转向系统性能测试仪器的作用。

2）完成转向器、转向传动机构的检查和调整。

3）完成机械转向系统的维护。

学习信息

正确对机械转向系统进行检查和调整是保证汽车安全行驶的关键。通过该活动，学生应能完成机械转向系统的性能测试和维护。

3.3.1　转向盘自由行程的检查和调整

1. 定义

转向盘的自由行程是指转向车轮（前轮）在直线行驶位置时，转向盘的空转行程或角度。

2. 作用

适当的转向盘自由行程可以缓和道路的反冲作用，减轻驾驶员的疲劳，并使转向操纵柔和。但是，转向盘自由行程过大会使转向迟钝、操纵困难。

3. 检查步骤

1）汽车熄火，前轮处于直线行驶状态。

2）用手轻微将转向盘分别向左、右方向转动。

3）测量前轮开始转动前转向盘的移动角度或位移，如图 3－28 所示。

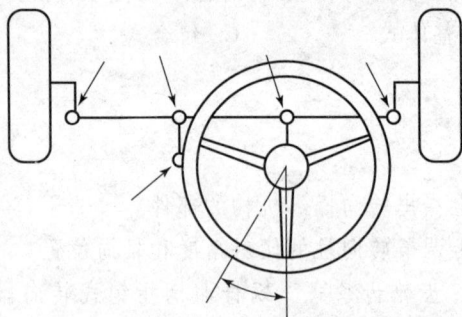

图 3－28　转向盘自由行程检查

技术标准：其规定值为 10～30 mm，具体应根据车型查找厂家规定的标准数据。

3.3.2　齿轮齿条转向器的调整

1. 啮合间隙的调整

（1）定义

如图 3－29 所示，转向齿轮下端支承在滚柱轴承 10 上，上端通过一个球轴承 7 支承，啮合间隙即指小齿轮与齿条间的配合间隙。

（2）调整原理

如图 3－29 所示，齿条背面装有压簧垫块 4，在压簧 3 的作用下，压簧垫块 4 将转向齿条 5 压靠在转向齿轮 9 上，保证二者无间隙啮合。调整螺塞 1 可用来调整压簧的预紧力。压簧 3 不仅起消除啮合间隙的作用，而且还是一个弹性支撑，可以吸收部分振动能量，缓和冲击。

图 3－29　齿轮齿条式转向器

1—调整螺塞；2—罩盖；3—压簧；4—压簧垫块；5—转向齿条；6—齿轮轴；7—球轴承；
8—转向器壳体；9—转向齿轮；10—滚柱轴承

3.3.3 循环球式转向器的调整

1. 转向螺杆轴承预紧度调整

（1）轴承预紧度对转向系的影响

如果转向螺杆轴承过松，转向盘自由行程会过大，会使汽车直线行驶时产生摆振。如果轴承过紧，则转向时阻力会增加。

（2）调整原理

转向螺杆3的轴颈由两个推力轴承6和10支承，轴承紧度可用调整垫片11调整，如图3-30所示。增加垫片，轴承变松；减少垫片，轴承变紧。

检查标准：转动转向螺杆3（不带齿扇轴），其转动力矩应为0.49~0.88 N·m；或用手上下推动转向盘，不得有松旷感。用弹簧秤测方向盘拉力的大小可以检验轴承的预紧度，如图3-31所示。

图3-30 循环球式转向器

1—转向器壳体底盖；2—转向器壳体；3—转向螺杆；4—钢球导管；5—转向螺母；
6，10—推力轴承；7—钢球；8—齿扇；9—齿扇轴；11—调整垫片；12—螺母

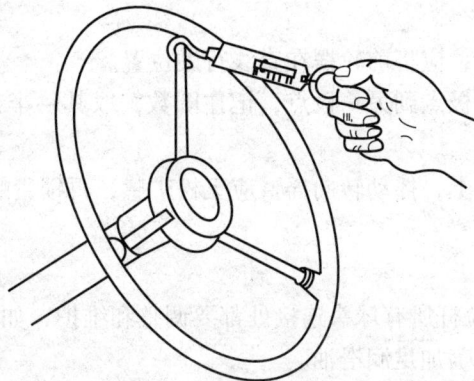

图3-31 检查转向螺杆轴承预紧度

2. 齿扇和转向螺母啮合间隙调整

调整前，齿扇轴应处于中间位置，转向螺母的下平面加工成齿条与齿扇 8 啮合。齿扇的齿厚在轴向上是不等的，通过调整螺钉调整齿扇与转向螺母的轴向位置就可以调整齿扇和转向螺母的啮合间隙。

检查标准：调整好后转动转向螺杆，其转矩应不大于 1.47 N·m，然后用锁紧螺母锁紧。

3. 齿扇轴与转向器壳体中滚针轴承间隙的检查

1）将转向器固定在台式虎钳上。

2）将百分表用磁性表座固定在虎钳上，表头与齿扇轴接触。

3）用手上下抬齿扇轴读出百分表的摆动量，此摆动量除以 2 即为齿扇轴与转向器壳体中滚针轴承间隙。

检查标准：若间隙超过 0.12 mm，则应更换滚针轴承或齿扇轴。

4. 转向螺杆与转向螺母间端间隙的检查

将转向螺杆保持不动，百分表头与转向螺母接触，轴向推拉转向螺母，用百分表检查松动量。

检查标准：若此间隙超过 0.08 mm，则应更换螺母总成。

3.3.4 转向传动机构检查与调整

1）将车辆支撑起后，检查横拉杆及接头、直拉杆接头、各球头和所有铰接处是否有松动。

2）检查横拉杆、直拉杆接头的密封圈和各防尘套处是否有裂纹断裂，是否有漏油。

3）检查转向横拉杆、转向直拉杆、梯形臂转向摇臂是否有弯曲、裂纹，若转向传动机构的杆件有弯曲、裂纹，则应及时更换。

4）将车辆放置在水平坚硬地面上，起动发动机使其处于怠速状态，拉紧驻车制动器，使转向盘由直线向前位置向左、右方向各转 1/4 圈，观察转向传动机构各铰接处的运动状况。

3.3.5 转向摇臂安装

1）在安装转向摇臂前，应将前轮摆在直线行驶位置。

2）转动方向盘，从一极点到另一极点，记住圈数，取其一半，即转向器处于直线行驶位置。

3）将转向摇臂装于轴上，摇动转向摇臂应无松旷感，再锁紧螺母。

3.3.6 球头的调整

转向横拉杆、转向直拉杆所有球头连接处都要调整和维护，如图 3-32 所示。

1）从球头的油脂加注嘴加足润滑油。

2）将调整螺塞 9 旋到底，使弹簧抵紧球头座，再把螺塞退回 1/2 ~ 1/3 圈。

检查标准：球头销转动稍有阻力，但不过紧，也无卡住现象为合适。

图 3－32　东风 EQ1090E 汽车转向横拉杆接头

1—球头销；2—密封圈；3—防尘罩；4—下球头座；5—上球头座；6—限位套；
7—开口销；8—圆锥弹簧；9—调整螺塞；10—左接头；11—卡箍；12—横拉杆体

3.3.7　转向角的调整

（1）定义

汽车前轮最大转向角是指前轮向左或向右打到底（极限位置）时车轮的偏转角度，如
图 3－33 所示。

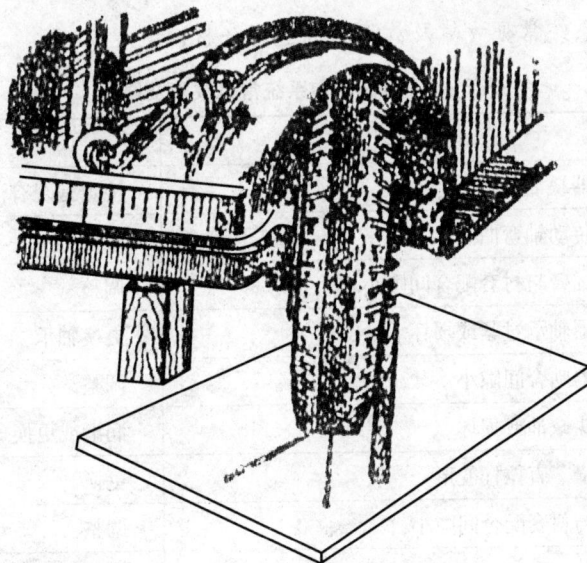

图 3－33　转向角调整

（2）调整目的

避免转向不足或车轮碰擦汽车的其他部分。

(3) 调整部位

更改转向角限制螺钉角度，现在很多车不能调整转向角度。

完成下列任务

1. 对老师提供的机械转向系统的汽车进行检查和调整。
2. 对机械转向系统进行维护。

活动3.4 机械转向系统常见故障及排除

活动学习目的

通过该活动的学习，应知道机械转向系统的常见故障及故障原因，并能够排除机械转向系统的故障。

学习信息

机械转向系统在使用过程中由于维护不当，会产生磨损变形，从而使转向器、转向传动机构松旷、发卡等，造成转向沉重、行驶跑偏、单边转向不足、低速前轮摆振、高速前轮摆振等故障。

下面就机械转向系统常见故障及故障原因进行分析，见表3-2。

表3-2 机械转向系统常见故障及原因

故障现象	可能原因	检修
转向沉重	转向器缺油	检查是否有油泄漏，按规定加满油
	转向传动轴弯曲	更换
	转向摇臂与衬套配合间隙小	调整
	转向器轴承过紧或损坏	更换轴承
	转向器啮合间隙小	调整
	各球头缺油或损坏	润滑或更换球头
	转向横、直拉杆变形	更换
	主销与衬套配合间隙小	调整
	转向节变形	更换转向节
	钢板弹簧变形	更换弹簧
	前轮定位不正确	四轮定位

故障现象	可能原因	检修
行驶跑偏	左、右轮胎气压不等	调整气压
	前轮定位不正确	四轮定位
	轮毂轴承松紧度不等	调整轴承松紧度，必要时更换
	前桥弯曲变形	调整或更换
	前、后车轴不平行	调整或更换
	制动拖滞	调整制动
	两侧悬架弹力不等	更换弹簧
单边转向不足	转向摇臂安装不正确	重新安装
	转向限位螺钉调整不当	调整限位螺钉
	钢板弹簧U形螺栓或中心螺栓松动	紧固
	直拉杆弯曲变形	更换直拉杆
低速前轮摆振	转向器传动副啮合间隙大	调整啮合间隙
	横、直拉杆球头松旷磨损	更换球头
	主销与衬套间隙大	调整或更换
	轮毂轴承过松	调整或更换轴承
	前悬架弹簧错位、折断或固定不良	更换弹簧
	轮胎气压过低	调整气压
高速前轮摆振	转向轮胎动不平衡	调整轮胎动平衡
	前轮定位不正确	四轮定位
	车轮跳动大	调整或更换
	转向传动机构运动干涉	调整
	车架、车桥变形	调整
	悬架左、右刚度不等，弹簧折断，减振器失效等	修复悬架系统

回答下列问题

1. 根据表3-3中列出的转向系统的故障，完成表格。

表3-3 转向系统故障

症状/系统故障	可能原因	防止或调整措施
转向沉重		
转向不足		
转向不稳		
侧向跑偏		

⚙ 活动 3.5　识别机械液压助力转向系统

🏁 活动学习目的

通过该活动的学习，应能识别液压动力转向系统的类型，并知道其作用及工作过程，具体表现为：

1）知道液压助力转向系统的作用和类型。

2）知道液压助力转向系统的组成和工作原理。

📋 学习信息

高速轿车和重型汽车转向所遇到的阻力矩比普通汽车要大得多，机械转向系统很难兼顾操纵省力和灵敏两方面的要求，所以常选用发动机的动力为能源实施助力转向。液压助力转向系统的工作压力可高达 10 MPa 以上，而且部件尺寸小，液压系统工作时无噪声，工作滞后时间短，能吸收来自不平路面的冲击，因此液压式转向系统目前应用广泛。

3.5.1　机械液压助力转向系统的组成和工作过程

1. 组成

图 3-34 所示为一种液压助力转向器的组成和布置，其中转向助力装置由转向油缸 4、转向油泵 5、液压助力齿轮齿条转向器 1 和转向控制阀 2 组成。

2. 工作过程

机械式液压助力转向是基于机械式的齿轮齿条转向机构增加了一整套液力系统，包括储油罐、液压助力泵、与转向柱相连的机械阀、转向机构上的液压缸和能够推动转向拉杆的活塞，等等。

机械式助力转向提供液压的液压泵由发动机通过皮带驱动，也就是说只有发动机运转，转向泵才能够运转，这就是为什么发动机熄火后方向盘助力消失的原因。在转向机上有一个能够随转向柱转动的机械阀，当方向盘未左右转动时，活塞两侧腔室内压力一致，处于平衡状态。当方向盘转动时，连接在转向柱上的机械阀就会相应地打开或关闭，一侧油液不再经过液压缸而是直接回流至储油罐，另一侧油液则继续注入液压缸内，活塞两侧产生压差，活塞便会在液力的作用下被推动，进而产生辅助力推动转向拉杆，让车

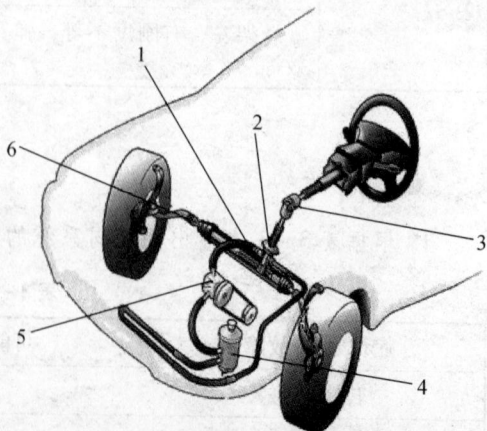

图 3-34　液压助力转向器示意图

1—液压助力齿轮齿条转向器；2—转向控制阀；
3—万向节；4—转向油缸；
5—转向油泵；6—转向横拉杆

轮转向，使转动方向盘所需的力度大大减小。

3.5.2 液压助力装置的类型与工作过程

根据液压流体流动的工作情况，液压转向助力装置有常压式和常流式两种。

1. 常压式液压助力转向装置

（1）结构

常压式助力转向装置由转向油缸、转向油泵、储能器、转向动力缸、转向控制阀和机械转向器组成，如图3-35所示。

（2）工作过程

汽车直线行驶，转向盘保持中立位置时转向控制阀5处于关闭状态。转向油泵在发动机带动下运转，输出的压力油充入储能器。当储能器压力达到规定值时，油泵自动卸荷空转，从而使储能器压力得以控制在规定值以下。

当驾驶员转动转向盘时，机械转向器通过转向摇臂等杆件推动转向控制阀5进入开启位置，储能器中的压力油流入转向动力缸，通过动力缸推杆输出的液压作用力作用在转向传动机构上，帮助驾驶员实现转向。

转向盘一停止转动，转向控制阀随即回到关闭位置，转向助力停止。综上所述，无论转向盘处于什么位置，无论是运动还是静止，液压系统工作管路中总是保持高压，所以称这种转向系统为常压式。

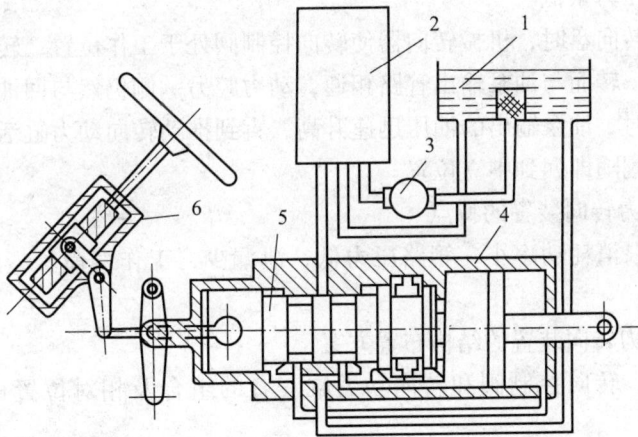

图3-35　常压式液压助力转向装置工作示意图
1—转向油缸；2—储能器；3—转向油泵；4—转向动力缸；5—转向控制阀；6—机械转向器

（3）常压式转向动力加力装置的特点

无论汽车是否处于转向状态，液压系统的工作管路中总是保持高压状态。储能器能积蓄液压能，可以使用流量较小的转向油泵，并且在油泵不运转的情况下保持一定的动力转向能力，使汽车能够行驶相当长的距离。

2. 常流式液压助力转向装置

（1）结构

常流式液压助力转向装置主要由转向油缸、转向油泵、安全阀、流量控制阀、单向阀、转向控制阀、机械转向器和转向动力缸组成，如图3－36所示。

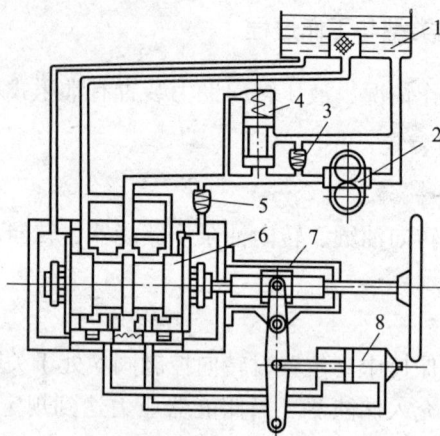

图3－36　常流式液压转向加力装置工作示意图
1—转向油缸；2—转向油泵；3—安全阀；4—流量控制阀；
5—单向阀；6—转向控制阀；7—机械转向器；8—转向动力缸

（2）工作过程

汽车直线行驶时转向控制阀处于开启位置，转向动力缸的活塞两端工作腔均与低压回油管路相通而不起作用，转向油泵输出的油液流入转向控制阀后又流回转向油缸，回流阻力很小，所以油泵输出压力很低。

当驾驶员转动转向盘时，机械转向器伸转向控制阀处于工作位置，转向动力缸的相应工作腔与回油路隔绝，转而与油泵输出管路相通，动力腔另一侧仍然与回油管路相通。当转向阻力大于油管压力时，油泵输出的油压迅速升高，直到推动转向动力缸活塞为止。转向盘停止转动，转向控制阀随即回到中立位置。

（3）常流式助力转向装置的特点

结构简单，油泵消耗功率小，管路压力低，泄漏少，工作寿命长，广泛应用于各种汽车上。

（4）常流式助力转向装置的结构布置方案

按机械转向器、转向控制阀和转向动力缸三者的组合及相对位置可有以下三种布置方案。

1）整体式。

机械转向器和转向动力缸设计成一体，并与转向控制阀组装在一起，如图3－37（a）所示。

2）半整体式。

将转向控制阀同机械转向器组合成一个部件，而动力缸作为独立件，如图3－37（b）所示。

3）转向加力器。

机械转向器作为独立件，而控制阀和动力缸组合成一个部件，如图3－37（c）所示。

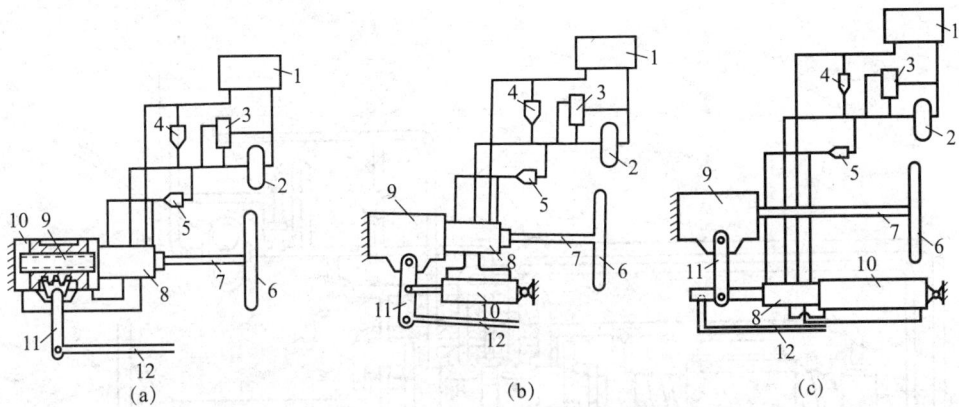

图 3 − 37　常流式助力转向装置的几种布置方案

（a）整体式；（b）半整体式；（c）转向加力器

1—转向油缸；2—转向油泵；3—流量控制阀；4—安全阀；5—单向阀；6—转向盘；7—转向轴；

8—转向控制阀；9—机械转向器；10—转向动力缸；11—转向摇臂；12—转向直拉杆

3.5.3　滑阀式液压助力转向装置

1. 液压常流滑阀式助力转向装置的工作原理

液压常流滑阀式助力转向装置的工作原理如图 3 − 38 所示。

（1）汽车直线行驶时

汽车直线行驶时，如图 3 − 38（a）所示，滑阀 1 在复位弹簧 3 的作用下保持在中间位置。转向控制阀内各环槽相通，自转向油泵 15 输送出来的油液进入阀体环槽 A 之后，经环槽 B 和 C 分别流入转向动力缸 8 的 R 腔和 L 腔，同时又经环槽 D 和 E 进入回油管道而流回储油罐 14。这时，滑阀与阀体各环槽槽肩之间的间隙大小相等，油路畅通，转向动力缸 8 因左、右腔油压相等而不起加力作用。

（2）汽车右转向时

汽车右转向时，驾驶员通过转向盘使转向螺杆 5 向右转动。开始时，转向螺母暂时不动，具有左旋螺纹的转向螺杆 5 在转向螺母 9 的推动下向右轴向移动，带动滑阀 1 压缩复位弹簧 3 向右移动，消除左端间隙 h，如图 3 − 38（b）所示。此时环槽 C 与 E 之间、环槽 A 与 B 之间的油路通道被滑阀和阀体相应的槽肩封闭。而环槽 A 与 C 之间的油路通道增大，油泵送来的油液自环槽 A 经 C 流入动力缸的 L 腔，成为高压油区。R 腔油液经环槽 B、D 及回油管流回储油罐 14，转向动力缸 8 的活塞右移，使转向摇臂 7 逆时针转动，从而起加力作用。

2. "随动"作用的实现

只要转向盘和转向螺杆 5 继续转动，加力作用就一直存在。当转向盘转过一定角度保持不动时，转向螺杆 5 作用于转向螺母 9 的力消失，但动力缸活塞仍继续右移，转向摇臂 7 继续逆时针方向转动，其上端拨动转向螺母，带动转向螺杆 5 及滑阀一起向左移动，直到滑阀 1 恢复到中间稍偏右的位置。此时 L 腔的油压仍高于 R 腔的油压。通过此压力差在动力缸活塞上的作用力来克服转向轮的回正力矩，使转向轮的偏转角维持不动，这就是转向的维持过程。若转向轮进一步偏转，则需继续转动转向盘，重复上述全部过程。

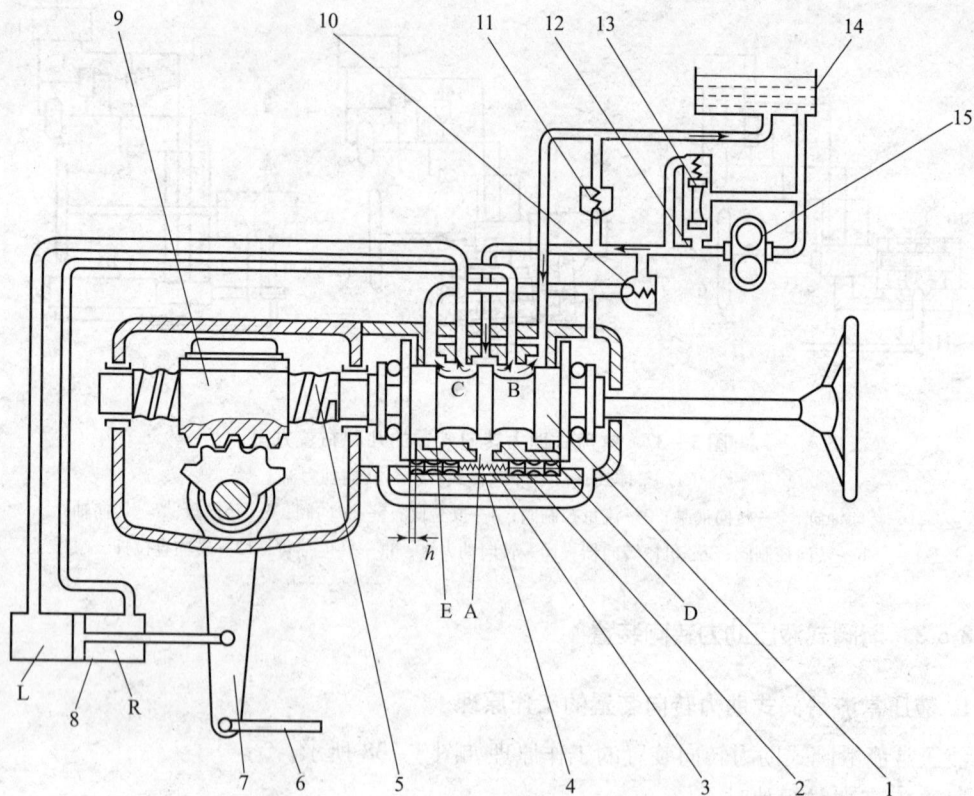

(a)

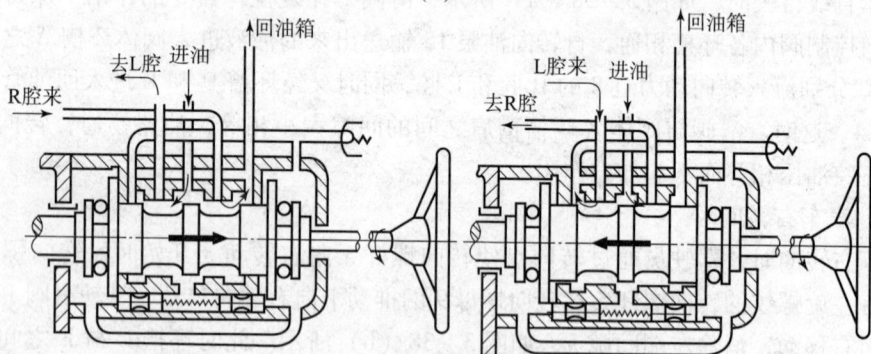

(b)　　　　　　　　　　　　　(c)

图 3-38　滑阀式助力转向装置工作原理

1—滑阀；2—反作用柱塞；3—复位弹簧；4—阀体；5—转向螺杆；6—直拉杆；7—转向摇臂；
8—转向动力缸；9—转向螺母；10—单向阀门；11—安全阀；12—节流孔；13—溢流阀；
14—储油罐；15—转向油泵；A、B、C、D、E—环槽；R、L—油腔

3. 自动回正作用实现

松开转向盘，滑阀在复位弹簧 3 和反作用柱塞 2 上油压的作用下回到中间位置，动力缸停止工作。转向轮在前轮定位产生的回正力矩的作用下自动回正，通过转向螺母 9 带动转向螺杆 5 反向转动，使转向盘回到直线行驶位置。如果滑阀不能回到直线行驶位置，则汽车将在行驶中自动跑偏。

在反作用柱塞 2 的内端，复位弹簧 3 所在的空间在转向过程中总是与转向动力缸高压油腔相通。此油压与转向阻力成正比，作用在反作用柱塞 2 的内端。转向时，要使滑阀移动，驾驶员作用在转向盘上的力不仅要克服转向器内的摩擦阻力和复位弹簧的张力，还要克服作用在反作用柱塞 2 上的油液压力。所以转向阻力增大，油液压力也增大，驾驶员作用于转向盘上的力也必须增大，以使驾驶员感觉到转向阻力的变化情况。这种作用就是"路感"。

3.5.4　转阀式液压助力转向装置

1. 转阀的结构

转阀的结构如图 3-39 所示，主要部件包括齿条 1、阀芯 2、转向扭杆 7、阀套 9、小齿轮 12 等。转阀具有四个互相连通的进油道 A，出油通道分别与动力缸的左、右腔连通。当阀芯顺时针转过一个很小的角度时，从液压泵来的压力油经通道流入四个通道，继而进入动力缸的一个腔内。另外四个通道的进油被隔断，压力油不能进入，因而动力缸另一腔的低压油在活塞推动下经回油槽流回储油罐。

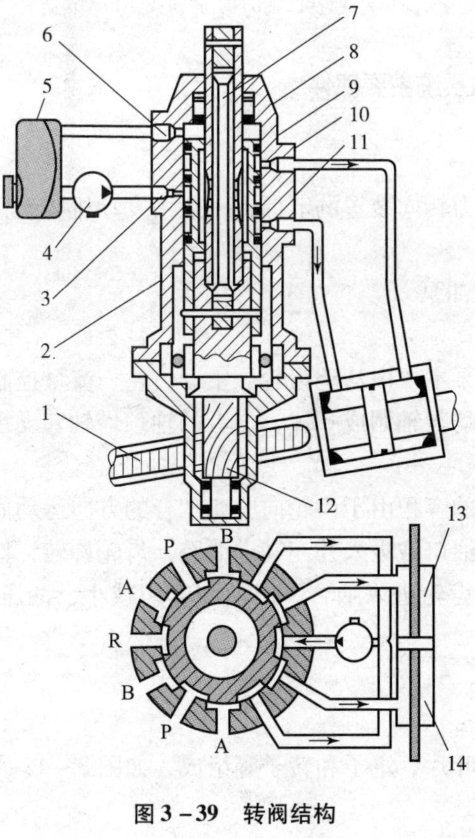

图 3-39　转阀结构

1—齿条；2—阀芯；3—进油口；4—液压泵；5—储油罐；6—回油口；7—转向扭杆；8—阀体；
9—阀套；10，11，A，B，P，R—油道；12—小齿轮；13，14—液压缸油腔

2. 工作原理

汽车直线行驶时，阀芯与阀套的位置关系如图 3-40（a）所示，自油泵来的液压油经阀芯与阀套间的间隙流向动力缸两端，动力缸两端油压相等。

驾驶员转动方向盘时如向左转，则阀芯与阀套相对位置发生改变，使得大部分或全部来自泵的液压油流入动力缸右侧，而另一端与回油管路接通，动力缸促进汽车左转，如图3-40（c）所示。

右转向与左转向相反，如图3-40（b）所示。

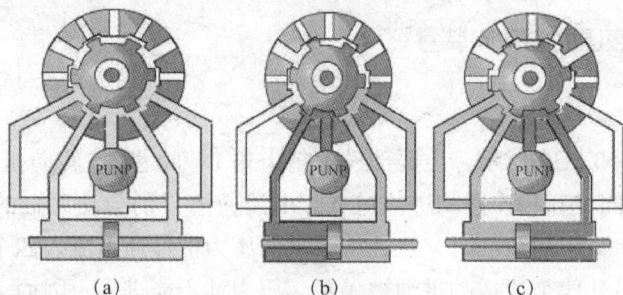

图3-40 转阀工作原理

（a）直线行驶；（b）右转向；（c）左转向

3.5.5 液压助力转向系统主要部件

1. 转向油泵

转向油泵是液压式助力转向装置的能源，一般由发动机驱动，其作用是将输入的机械能转换为液压能输出。

（1）外啮齿轮式转向油泵

1）结构。

外啮合齿轮式转向油泵主要由从动齿轮、主动齿轮、流量控制阀与安全阀、节流孔等组成。主动齿轮和从动齿轮均与轴制成一体，二者的轴颈借轴套支承在泵体和泵盖上。

2）工作原理。

齿轮旋转时，进油腔的容积由于齿轮向脱离啮合的方向运动而增大，腔内产生一定的真空度，助力转向液便从进油口被吸入并充满进油腔。齿轮旋转，把齿间所存在的助力转向液带到出油腔内，出油一侧齿轮进入啮合，出油腔容积减小，油压升高，机油便经出油口排出，如图3-41所示。

（2）双作用式叶片泵

1）结构。

双作用叶片泵主要由叶片、定子和转子等组成，如图3-42所示。

2）工作原理

双作用叶片泵有两个吸油区和两个压油区，并且各自的中心角是对称的，所以作用在转子上的油压作用力互相平衡。当转子顺时针方向旋转时，叶片在离心力及高压油的作用下紧贴在定子的内表面上。其工作容积开始由小变大，从吸油口吸进油液；然后工作容积由大变小，压缩油液，经压油口向外供油。转子每旋转一周，每个工作腔都各自吸、压油两次。

图 3 – 41　齿轮泵示意图

1—出油口；2—进油口；3—从动齿轮；4—主动齿轮；
5—流量控制阀与安全阀；6—节流孔

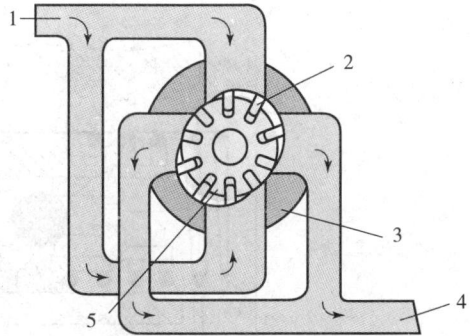

图 3 – 42　双作用叶片泵示意图

1—进油口；2—叶片；3—定子；
4—出油口；5—转子

3）优点

叶片式转向油泵具有结构紧凑、输油压力脉动小、输油量均匀、运转平稳、性能稳定、使用寿命长等优点，现代汽车采用较多。

2. 流量控制阀

（1）结构

流量控制阀的结构如图 3 – 43 所示，其作用是限制转向油泵最大流量。差压式的流量控制阀装在油泵进油腔和出油腔之间，与油泵齿轮副并联。

（2）工作过程

在发动机低速转向时，液压泵内液体流动方向如图 3 – 44 所示。这时节流孔节流作用不明显，压力变化不大，活塞两边油压基本相等，活塞在弹簧作用下基本保持原来位置不变，流量控制阀处于关闭状态，液压油直接流向转向控制阀。

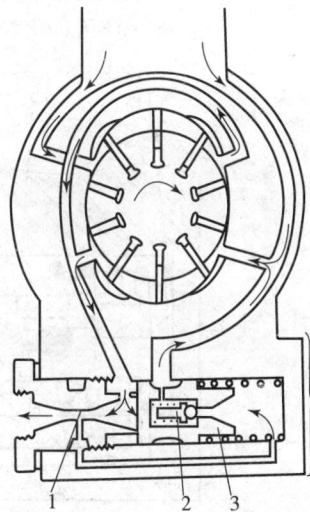

图 3 – 43　流量控制阀安全阀示意图

1—节流孔；2—安全阀；3—流量控制阀

在发动机高速运转状态下（见图 3 – 45）液压泵的流量随着发动机转速提高而增加，节油阀处油的流速上升，相应节流孔处油压降低较多，也就是流量控制阀活塞左边的压力降低，远低于右边的油压，因此流量控制阀 2 被压而向左移，油泵出油口 4 即与油泵进油口 3 连通，部分油液便经流量控制阀流到进油口，使得油泵输出的流量减小。

3. 安全阀

（1）结构

转向油泵的输出压力取决于液压系统的负荷（即动力缸活塞所受的运动阻力）。在转向阻力矩过大时，动力缸和油泵均将超载而导致零件损坏。液压系统中还必须装设用以限制系统最高压力的安全阀。安全阀位于流量控制阀内，安全阀体 10 借螺纹固定在流量控制阀端，球阀门 9 及安全阀弹簧 7 所处的柱塞内腔与油泵进油口 3 相通，如图 3-46 所示。

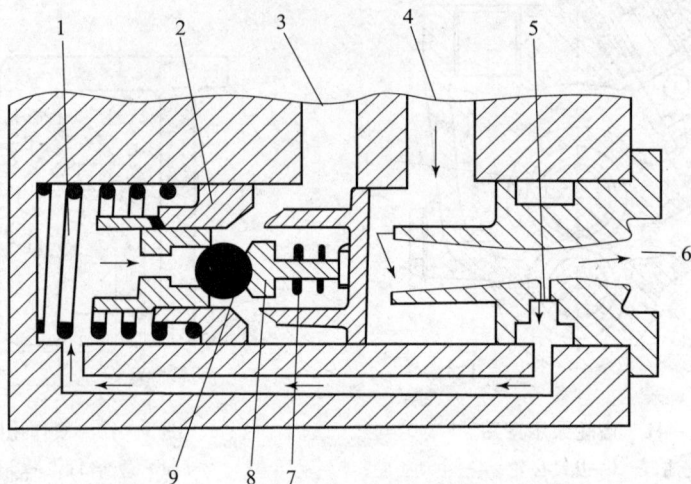

图 3-44 低转速时流量控制阀内液体流向
1—流量控制阀弹簧；2—流量控制阀；3—油泵进油口；4—油泵出油口；
5—节流孔；6—接转向控制阀；7—安全阀弹簧；8—导阀；9—球阀门

图 3-45 高转速时流量控制阀内液体流向
1—流量控制阀弹簧；2—流量控制阀；3—油泵进油口；4—油泵出油口；
5—节流孔；6—接转向控制阀；7—安全阀弹簧；8—导阀；9—球阀门

（2）工作过程

轿车转向时，旋转阀开始工作，系统油压上升。当转向轮受到异常助力时（如转向轮被凸起物挡住）压力升高较快。当压力上升到超过一定值后，球阀门被顶开，将出油口与进油口接通，使出油口压力降低，以保证系统运行，如图 3-46 所示。

4. 单向阀

单向阀安装在转向控制阀的进油道和回油道之间。

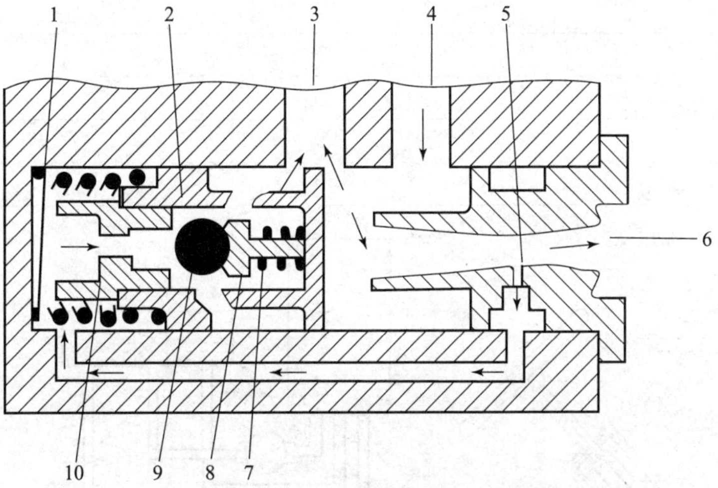

图3-46 车轮阻力较大时流量控制阀和安全阀内液体流向

1—流量控制阀弹簧；2—流量控制阀；3—油泵进油口；4—油泵出油口；5—节流孔；

6—接转向控制阀；7—安全阀弹簧；8—导阀；9—球阀门；10—安全阀体

在正常情况下，进油道的油压为高压，回油道则为低压，单向阀在弹簧张力和油压差的作用下关闭，进、回油道互不相通。

当油泵失效后靠人力强制进行转向时，进油道变为低压（油罐中的油液已不能通过失效的油泵流入进油道），而回油道却因动力缸中活塞移动而具有稍高于进油道的油压。进、回油道的压力差使单向阀打开，两油道相通，动力缸活塞两侧油腔也相通，油液便从动力缸受活塞挤压的 R 腔流向活塞移离后产生低压的 L 腔，从而减小了人力转向时的油液阻力。可见单向阀的作用是将不工作的油泵短路。

回答下列问题

1. 指出如图 3-47 所示中数字所指零件的名称，并说明汽车左转向时动力转向的工作过程。

_____

_____ 。

2. 说明转阀式液压助力转向系统的组成，并说明汽车右转向时液体的流动方向。

_____

_____ 。

3. 说明在不同车速下液压泵内液体的流动方向。

低速流向：_____

_____ 。

高速流向：_____

_____
_____。
车轮无法转动：_____
_____
_____。

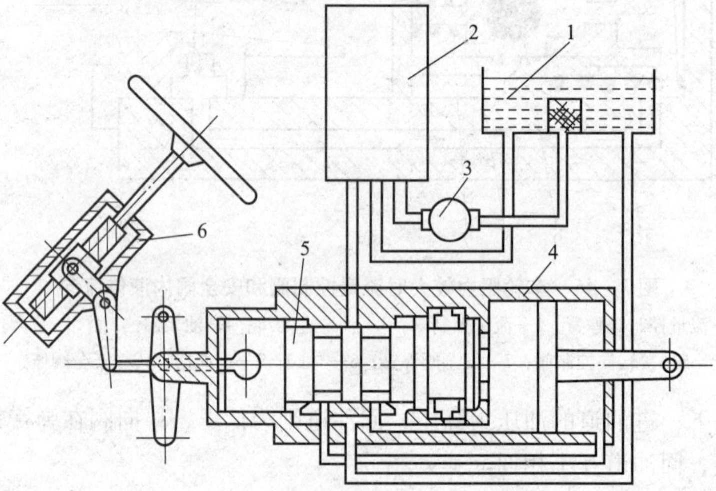

图 3-47　常压式液压助力转向装置

4. 判断下列说法的正确性，并在后面打上"☒"或"☑"。

1）在常流式动力转向系统中，通过转向传动副使液压系统内的单向阀改变油路方向，从而实现不同的转向。

正确 □　　　错误 □

2）在常流式动力转向系统中，溢流阀的作用是把多余的油流回低压区，以控制最小供油量。

正确 □　　　错误 □

3）液压动力转向系统是一个位置跟踪装置，也称为驱动系统。

正确 □　　　错误 □

4）动力转向的随动机构中，活塞之所以以一定准确度跟随螺杆运动，是因为活塞与转向盘间存在机械反馈联系。

正确 □　　　错误 □

5）转向时，油泵处出现噪声，可能是油壶中油量不够所致。

正确 □　　　错误 □

6）油液脏污可能会造成动力转向左、右转弯时轻重不同。

正确 □　　　错误 □

7）油泵驱动皮带打滑会造成动力转向快速转向时沉重。

正确 □　　　错误 □

8）为满足重型载重汽车和高速轿车转向时轻便、灵敏的要求，常采用动力转向并配合较小的传动比。

正确 ☐　　　　错误 ☐

9）对于高速轿车，要求有较高的转向灵敏度，故转向器传动比的变化规律应是中间大、两头小。

正确 ☐　　　　错误 ☐

10）动力转向系统中安全阀既可限制最大压力又可限制多余的油液。

正确 ☐　　　　错误 ☐

11）常流式动力转向器中，复位弹簧有转向后能自动回正的作用。

正确 ☐　　　　错误 ☐

12）整体式动力转向器将动力泵、滑阀、动力缸和转向器集成一体。

正确 ☐　　　　错误 ☐

13）动力转向油极易燃烧，所以要经常检查和维护，以防止油液落在排气管上。

正确 ☐　　　　错误 ☐

完 成 下 列 任 务

1. 在已拆卸的不同动力转向系统中认识其组成零件，并对照实物说出在车辆转向时液体的流动方向。
2. 在拆卸的动力转向油泵上认识组成零件，并说出调节器在不同状态下的调节原理。
3. 拆卸转向控制阀，并说出其工作原理。

✱ 活动 3.6　机械液压助力转向系统性能测试

🏁 活动学习目的

通过该活动的学习，能够认识液压助力转向系统的检测设备类型，知道检测液压助力转向系统的方法和步骤，具体表现为：
1）知道液压助力转向系统性能测试仪器的作用。
2）完成液压助力转向系统性能测试。
3）安全维护转向系统。

📖 学习信息

液压助力转向装置性能测试是发现故障和判断故障部位的主要测试方法，下面对动力转向液压助力装置的性能测试项目进行介绍。

3.6.1　转向力的检查

1）将车辆置于水平路面，使转向盘处于正前方。
2）按规定检查轮胎充气压力。

3) 起动发动机，运行至动力转向液温度达到 50 ℃ ~ 60 ℃。

4) 发动机怠速运转，用弹簧秤勾住转向盘，沿切线方向拉动，如图 3-48 所示，测量转向力，其值应小于 40 N。

3.6.2 助力转向传动带张力的检查

1) 检查传动带，确保传动带没有损坏，并被正确安装在带轮槽中。

2) 检查传动带张力，如图 3-49 所示，用 98 N 的力挤压动力转向泵带轮与曲轴带轮之间的一点，测其弯曲程度 a 应为 7~9 mm。

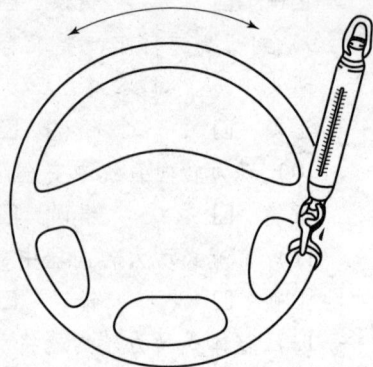

图 3-48 转向力的检查

3) 重新安装传动带后，顺时针转动曲轴两周，检查传动带张力。如有必要，则应进行调整。

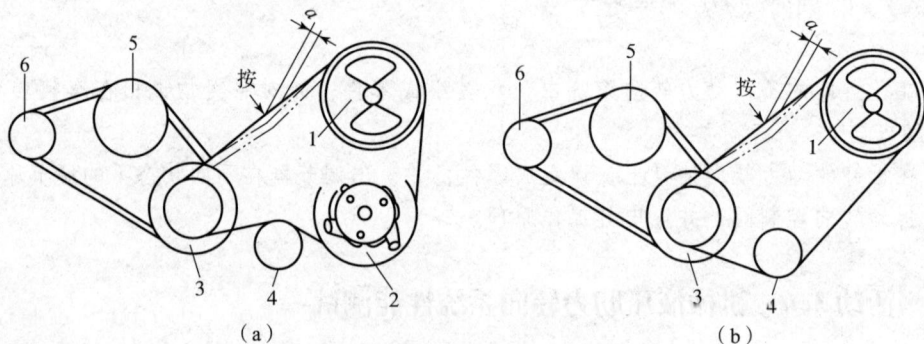

(a) (b)

图 3-49 检查传动带张力

(a) 带空调；(b) 不带空调

1—动力转向泵带轮；2—空调压缩机带轮；3—曲轴带轮；4—张紧轮；5—水泵带轮；6—发电机

3.6.3 转向系统泄漏的检查

1) 起动发动机，向左或向右尽量转动转向盘，以产生最大的液压。

2) 直观检查齿轮箱、动力转向泵和储油罐及其他连接处是否漏液，如图 3-50 所示。

注意：转向盘打到极限位置的时间不要超过 10 s。

3.6.4 转向系统真空测试

1) 向储油罐加注油到 MAX 标记。

2) 用专用接头和真空压力泵保持吸压 30 s，如图 3-51 所示，压力为 84~101 kPa。

3) 观察真空表的读数。如果在 5 min 内真空气压减少了超过 7 kPa，则检查系统是否有泄漏。

4) 移开真空压力泵和塞盖，向储油罐加注油到 MAX 标记处。

图 3 - 50　转向系泄漏的检查

1—动力转向器；2—动力转向泵；3—储油罐

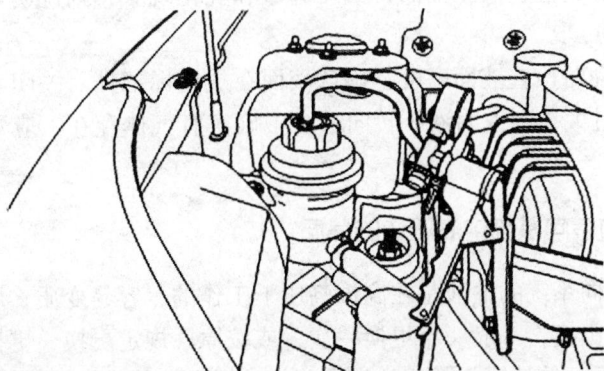

图 3 - 51　真空测试

3.6.5　储油罐液压油面高度检查

若油面高度过低，则会增大转向阻力并且转向不稳定。油面低，转向系统容易进空气，转向泵会发出噪声。一般检查油面高度（油温要达到 80 ℃）的具体检测步骤如下：

1）在发动机转速为 1 000 r/min 时，向左、右方向分别将转向盘打到底，反复几次使油温升高。

2）油温升高后检查储油罐内是否有泡沫，有泡沫表明液面过低或有空气。

3）检查储油罐液面高度应在热满标记处。关闭发动机，油面应在热满标记处。

4）在发动机停机状态，检查液位与发动机运转时是否相同。液位变化应不超过 5mm，如图 3 - 52 所示，超过 5mm 时要排气。

5）若动力转向油不足，则在发动机怠速时将厂家规定的油加入储油罐内，直到油到热满标记处。

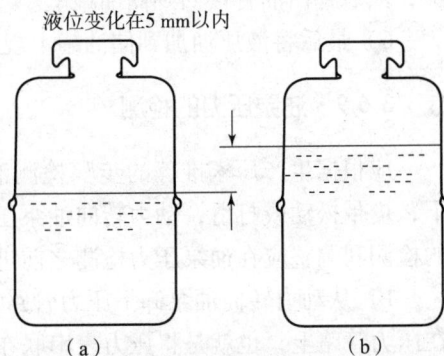

图 3 - 52　动力转向液面的检查

（a）发动机起动时；（b）发动机停机时

6）系统不能有渗漏现象，否则应更换各部件的衬垫，并加液压油至规定的刻度。

3.6.6 检查液压油中是否混有空气

1）起动发动机，使之在 1 000 r/min 下运转。

2）使转向盘在左、右极限位置来回转动几次，使油温上升至 40 ℃ ~ 80 ℃。

3）观察油是否有起泡和乳化现象，如有，则说明油中混有空气。

3.6.7 排除气体的方法

当转向系统中混入空气时，转向油泵会发出"轰隆"的噪声，转向阻力增大且不稳定。排空气步骤参考如下：

1）添加液压油到规定标记处。

2）然后起动发动机让其怠速运转，将转向盘左、右打满转动几次。

3）发动机停转后，检查液压油面，如无起泡和乳化现象，则说明系统中无空气。如有泡沫，则重复1）、2）步。

4）在发动机转动时检查液面高度，确认液面在规定标记处。关闭发动机，液面升高应小于 5 mm，若差值过大，则说明液压转向系统中确实有气体存在，应重复上述步骤进行系统放气。

3.6.8 检查动力转向系统中液压油的品质

因为液压动力转向系统的油液是在高温高压下工作的，容易变质，所以即使油液看起来比较干净，也要定期更换，一般一年更换一次，或按原厂规定更换，更换方法如下：

1）支起车身，拆下储油罐上的回油管，将储油罐和油管中的油液排放到容器中。

2）起动发动机，以 1 000 r/min 左右的速度空转。

3）左、右转动转向盘，等油管内的残余油液排净后关闭发动机。

4）用油塞将储油罐上回油管接头堵住，然后按油品要求加入符合要求的液压油。

5）起动汽车发动机，并使其以 1 000 r/min 左右速度空转，当有油液从回油管排出时，立即关闭发动机。片刻后再重复上述过程，待上述过程重复完成后，油路中的空气将全部排除，然后将回油管接回到储油罐上。

6）最后将液压油加到储油罐上规定的刻度线处。

3.6.9 油泵压力的检测

应根据生产厂家推荐的步骤检测油泵油压，若油压过低，转向阻力会增大。通常情况下，皮带松动或打滑，动力转向油泵压力会降低，转向阻力会增加。所以在必要时皮带张力的检测和调整应在油泵压力检测之前进行。油泵压力检测步骤如下：

1）从动力转向油泵卸下压力管路，将压力表连接在油泵的排液口上，将测量表一端接在压力管路上，也就是将压力表串联在压力管上，如图 3 - 53 所示。

2）起动发动机，让其怠速运转，将转向盘左、右打满转动 3 ~ 4 次，排出气体，使油温升高到 80 ℃，确保液面高度正常。

3）使发动机怠速运转，方向盘处于中间位置（车辆直行状态），检查油压是否符合规定（一般小型车为 7.5 MPa 左右，大型车为 2 MPa 左右或按原厂规定）。

4）关闭压力表阀门（不能超过 10 s），观察压力表读数（一般小型车为 7 MPa 左右，大型车为 10 MPa 左右），随后立即将压力表阀门打开。

若读数和厂家规定不相符，则应检查系统是否有渗漏现象。如无渗漏现象，则依次检查叶轮泵、分配阀、动力缸的工作是否正常，必要时对各故障部件进行检查、调整、修理或更换。

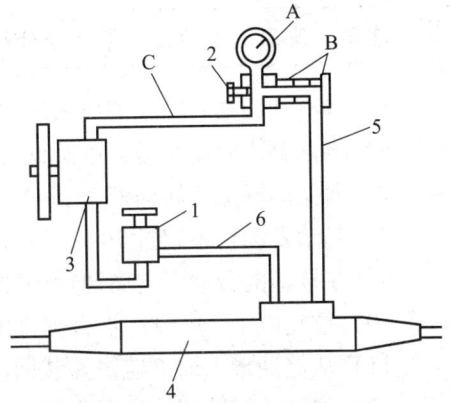

图 3-53　油泵压力测试原理
1—储油罐；2—油压计阀门（开启）；
3—动力转向泵；4—动力转向齿轮箱；
5—高压侧；6—低压侧

3.6.10　转向管路清洗

1）举升汽车。

2）降下车辆到接近地面位置，并保证方向盘能自由地从一个锁止位置转到另一个锁止位置。

3）拆卸转向储油罐固定螺栓，并从支架上取下动力转向储油罐，如图 3-54 所示。

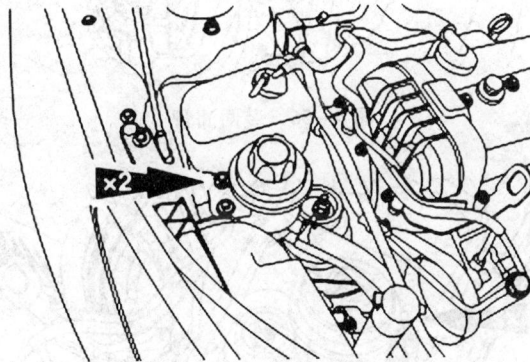

图 3-54　拆卸储油罐

4）从储油罐上取下冷却回油管，如图 3-55 所示，让转向液流入适当的容器中。

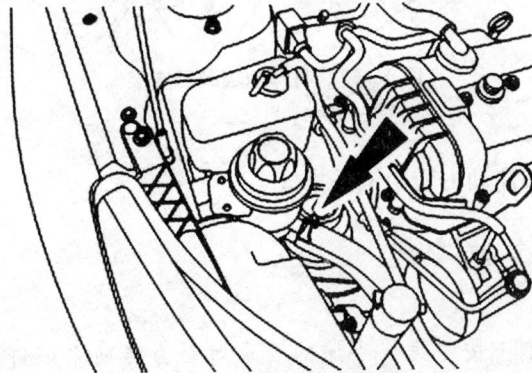

图 3-55　取下回油管

单元 3
汽车转向系统维修

119

注意： 使用适当的盖子罩住储油罐。

5）将冷却回油管的末端放入转向油回收容器中。

6）将油倒入时要缓慢，以降低气泡产生的可能，且液位应保持在要求的位置内。

7）向储油罐加注转向液至 MAX 位置。

8）起动发动机不超过 30 s，将方向盘从一个极限位置转到另一个极限位置。

9）在技师的帮助下向储油罐中加入 1 L 清洁的动力转向油。

10）重复以上 7）~9）步直到排出的油干净为止。

11）从储油罐上取下盖罩并装回冷却回油管，如图 3 - 56 所示。

12）将储油罐装回储油罐支架上，如图 3 - 57 所示。

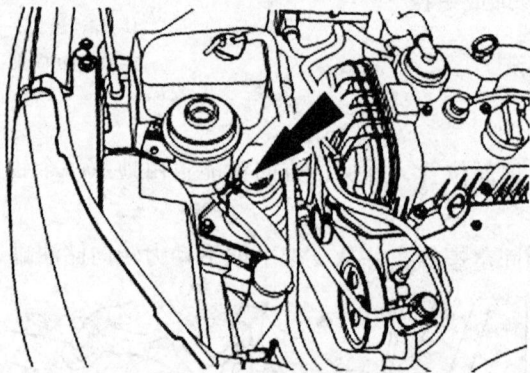

图 3 - 56 装回油管

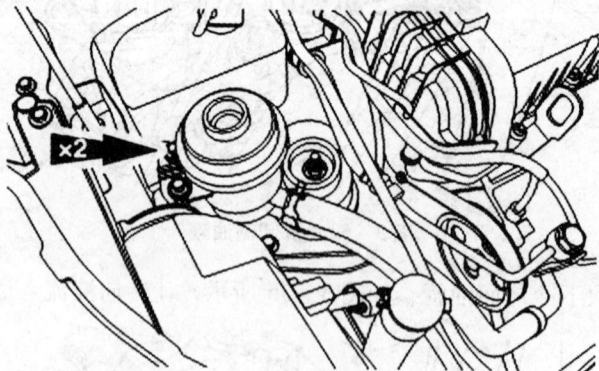

图 3 - 57 将储油罐装回支架

13）降下车辆。

14）重新向储油罐加注动力转向液并排气。

完成下列任务

1. 在教师指定的车辆上按照维修手册的要求对动力转向系统进行检测（如油面高度、油质、油压、是否有空气等），并将检测结果填写在表 3 - 4 中。

表 3 - 4   检测结果

部件检查	标准值	检测值	是否正常	原因
转向力				
皮带外观				
皮带挠度				
转向系泄漏				
液面高度				
系统真空性				
转向油品质				
油泵压力				

2. 给客户进行油路清洗，更换助力油，并完成表 3 - 5。

表 3 - 5   清洗油路流程

车型：
维修资料存放处：
维修资料名称：
主要工具和设备：
清洗油路流程：
注意事项：

✿ 活动 3.7   机械液压助力转向器拆装与检修

🏁 活动学习目的

通过该活动的学习，能够根据维修手册完成液压助力转向器的拆卸、检查调整和装配，具体表现为：

1）完成液压助力转向器的拆卸程序。

2）完成液压助力转向器零件的检修程序。

3）完成液压助力转向器的装配复位和调整程序。

学习信息

液压助力转向器如果损坏只能整体更换，其好坏直接影响汽车的助力转向能力。下面以长安逸动轿车的转向系统为例说明其拆卸、检修和装配程序。

3.7.1 完成助力转向动力转向器拆装程序

1）回收动力转向液。

2）拆卸发动机传动皮带。

3）从转向油泵上拆下回油管和抽油管，如图3-58所示。

> **注意：** 拆卸回油管、抽油管时应用容器回收漏出的转向液。

4）从转向油泵总成上拆下压力油管螺栓及垫片，如图3-59所示。

5）拆卸转向油泵压力开关线束及线束线卡，如图3-60所示。

6）拆卸转向油泵皮带轮侧3处固定螺栓，如图3-61所示。

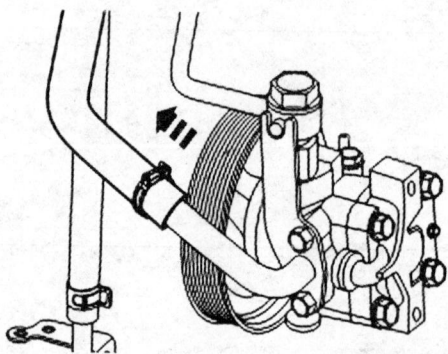

图3-58　拆卸回油管和抽油管

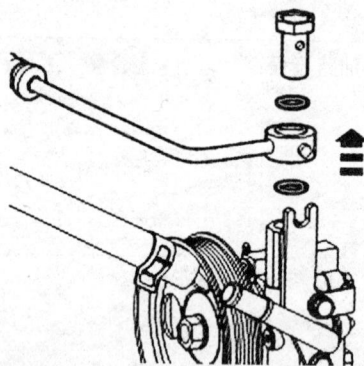

图3-59　拆卸压力油管螺栓及垫片

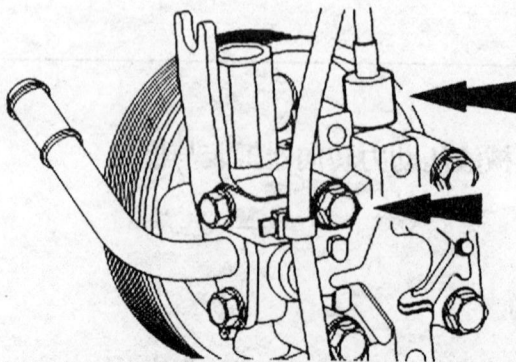

图3-60　拆卸压力开关

7）拆卸转向油泵后盖侧 1 处固定螺栓，如图 3-62 所示，扭矩为 62 N·m。

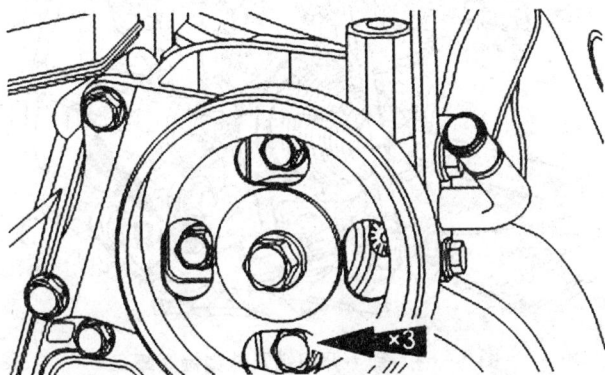

图 3-61　拆卸皮带轮侧固定螺栓

8）将前轮朝向正前方。

9）拆下连接下转向轴及动力转向器输入轴的螺栓，如图 3-63 所示，扭矩为 25 N·m。

注意：应用绳固定方向盘，防止其转动。

10）举升车辆，拆卸前轮

11）卸下开口销及球销锁紧螺母，如图 3-64 所示。

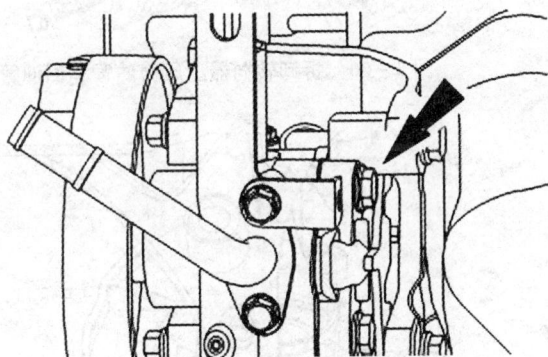

图 3-62　拆卸油泵后盖侧固定螺栓

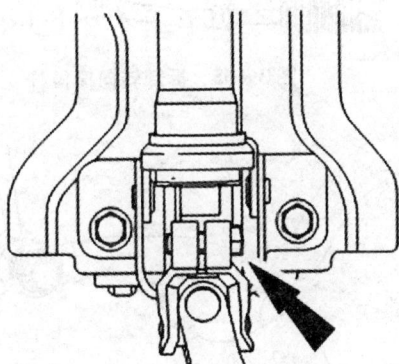

图 3-63　拆卸下转向轴螺栓

12）将转向横拉杆端球头总成与转向节断开，如图 3-65 所示。

注意：在拆卸时不要损坏横拉杆端接头球销防尘罩。

13）拆卸动力转向器上压力油管和回油管，如图 3-66 所示。

14）将前稳定杆与连接杆分离，如图 3-67 所示，扭矩为 90 N·m。

15）拆卸下摆臂球销与转向节 2 处固定螺栓，如图 3-68 所示，扭矩为 90 N·m。

16）拆卸发动机托架与前悬置总成 3 处连接螺栓，如图 3-69 所示，扭矩为 68 N·m。

17）拆卸发动机托架与后悬置总成 4 处连接螺栓，如图 3-70 所示，扭矩为 68 N·m。

18）拆卸发动机托架辅助支架与车身纵梁连接螺栓（左右共 4 处），如图 3-71 所示，扭矩为 68 N·m。

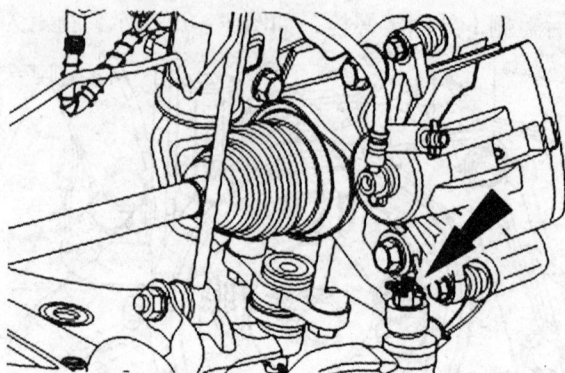

图 3 - 64　卸下开口销及球销锁紧螺母

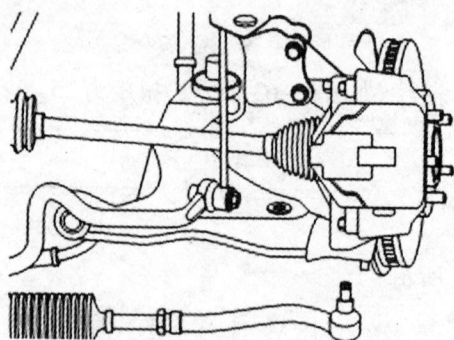

图 3 - 65　拆卸转向横拉杆

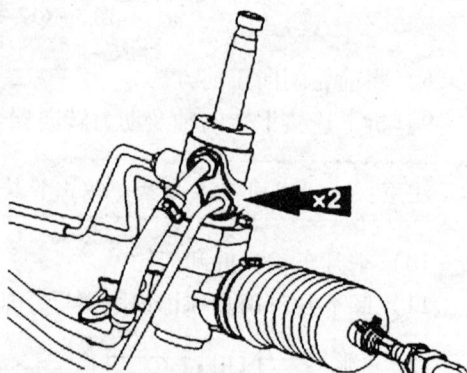

图 3 - 66　拆卸转向器上压力油管和回油管

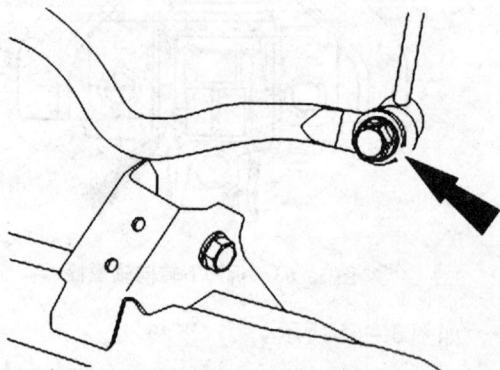

图 3 - 67　拆卸前稳定杆与连接杆

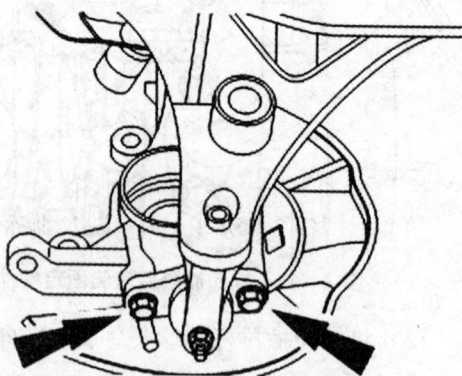

图 3 - 68　拆卸下摆臂球销

19）断开发动机托架与排气管连接吊耳，如图 3 - 72 所示。

20）使用专用工具支撑发动机支架，如图 3 - 73 所示。

21）拆卸托架与车身纵梁连接螺栓及螺母（左右共 4 处），如图 3 - 74 所示，扭矩为 150 N·m。

22）拆卸动力转向器与发动机托架总成连接螺栓、动力转向油管支架、转向轴防尘罩，如图 3 - 75 所示。

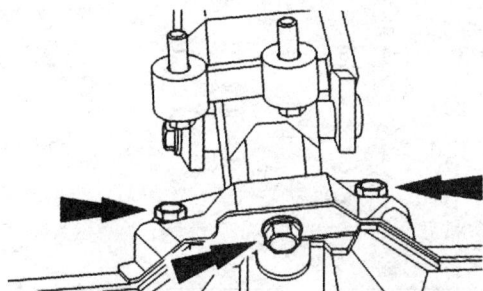

图 3 – 69　拆卸发动机托架与前悬置螺栓

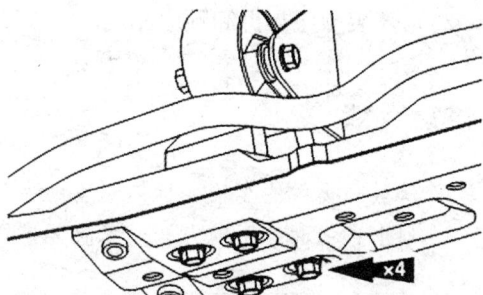

图 3 – 70　拆卸发动机托架与后悬置螺栓

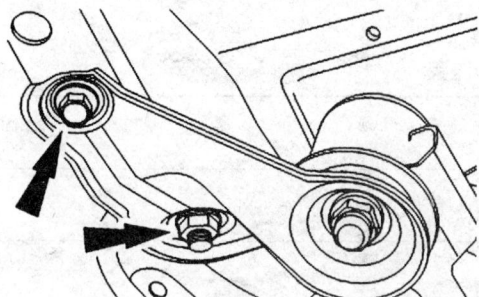

图 3 – 71　拆卸辅助支架与车身纵梁连接螺栓

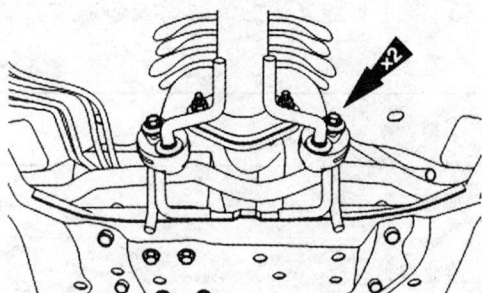

图 3 – 72　断开发动机托架与排气管连接吊耳

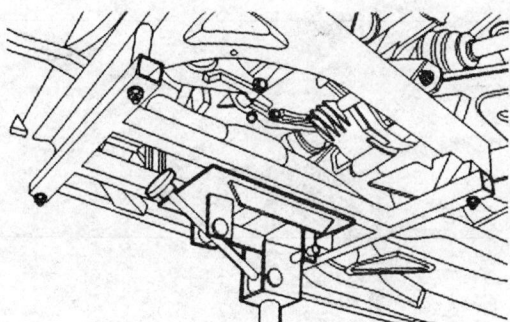

图 3 – 73　支撑发动机支架

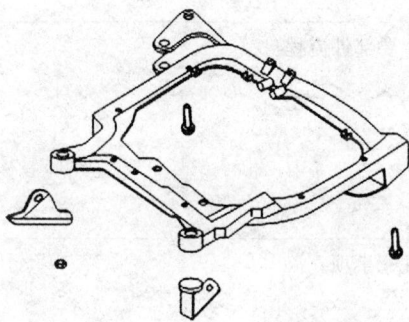

图 3 – 74　拆卸托架

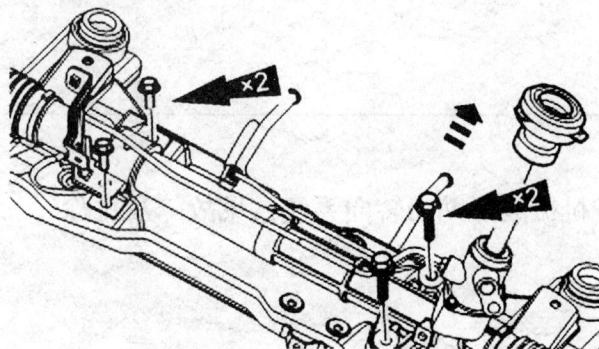

图 3 – 75　拆卸动力转向器

23）安装顺序与拆卸顺序相反。

完成下列任务

1. 从教师提供的车辆上拆卸液压助力转向器。
2. 列出在拆卸液压助力转向器时要遵守的安全措施。

_____

_____

_____。

3. 列出拆卸液压助力转向器的流程，见表3－6。

表3－6　拆卸流程

车型：
维修资料存放处：
维修资料名称：
拆卸工具和设备：
主要部件流程：
注意事项：

活动3.8　机械液压助力转向系统常见故障及排除

活动学习目的

通过该活动的学习，应知道机械液压助力转向系统的常见故障及故障原因，并能够排除机械液压助力转向系统的故障。

学习信息

液压助力转向系统的故障有转向沉重、转向回正不良、汽车直线行驶时转向盘发飘或跑偏、转向时方向盘抖动等。转向系统机械部分故障也适合于液压系统。

下面就机械液压助力转向系统常见故障及故障原因进行分析，见表3－7。

表3－7　机械液压助力转向系统常见故障

故障现象	可能原因	检修
转向沉重或助力不足	储油罐缺油或油面高度低于标准	检查是否有油泄漏，按规定加满油
	液压回路中有空气	查明漏气部位并修理、排除渗入空气
	油泵驱动皮带打滑	调整皮带张力，更换皮带
	油管接头密封不好，有泄漏	拧紧接头，更换密封圈
	油路堵塞	疏通油路
	油泵磨损	更换油泵
	安全阀泄漏，弹簧弹力弱	更换损坏零件
	动力缸或转向控制阀密封不良	更换密封圈
转向回正不良	转向泵输出压力低	检查、调整安全阀
	液压回路中有空气	查明漏气部位并修理，排除渗入空气
	回油管扭曲堵塞	更换回油管
	转向控制阀或动力缸发卡	拆检修理
	转向控制阀定中不良	拆检修理
汽车直线行驶时转向盘发飘或跑偏	转向控制阀回位不好	清洗动力转向系统，换油，更换控制阀
	转向控制阀阀芯偏离中位	更换控制阀
	流量控制阀卡滞，动力缸左右腔压力差过大	检查流量控制阀及油压管路
转向时方向盘抖动	储油罐液面低	加油到规定位置
	油路中有空气	查明漏气部位，排除气体
	转向油泵皮带打滑	调整皮带张紧度或更换皮带
	转向油泵输出压力不足	检查油泵，或更换
	转向油泵流量控制阀卡住	拆检流量控制阀

回答下列问题

1. 液压助力系统常见故障有哪些？请说出转向沉重的故障原因。

单元3　汽车转向系统维修

127

_____

_____

_____ 。

完 成 下 列 任 务

从教师提供的车辆上排除液压助力转向系统故障。

活动 3.9   识别电控助力转向系统

活 动 学 习 目 的

通过该活动的学习，使学生认识机械转向系统的各零件及其功能，具体表现为：

1）识别转向操纵机构零件。

2）知道各类安全转向柱的工作原理。

3）知道可调节式转向柱的工作原理。

4）识别各类转向器零件及工作原理。

5）识别转向传动机构零件及工作过程。

学习信息

3.9.1   电子液压助力系统（EHPS）

1. 电子液压助力系统组成

电子液压助力系统（Electronic Hydrostatic Power Steering，简称 EHPS）根据车速、方向盘转动速度控制转向助力的大小，其由 PCM、转向助力模块与电动液压泵总成、方向盘转角传感器、EHPS 指示灯、控制阀、油路等组成，如图 3 - 76 所示。

2. 电子液压助力系统工作原理

电子液压助力的结构原理与机械式液压助力大体相同，最大的区别是提供油压油泵的驱动方式不同。机械式液压助力的液压泵是直接通过发动机皮带来驱动的，而电子式液压助力采用的是由电力驱动的电子泵。

在低速大转向时，电子控制单元驱动电子液压泵以高速运转输出较大功率，使驾驶员打方向省力。

汽车在高速行驶时，液压控制单元驱动电子液压泵以较低的速度运转，在不至于影响高速转向的同时，节省一部分发动机功率。

3. EHPS 优点

1）不用消耗发动机本身的动力，电子泵是由电子系统控制的。不需要转向时电子泵关闭，能耗低。

2）可以通过车速传感器、转向角度传感器等改变电子泵的流量，以改变转向助力的力度大小。

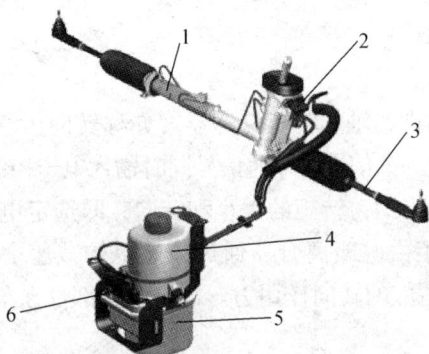

图 3-76　电子液压助力系统示意图

1—转向器；2—转角传感器；3—横拉杆；4—转向油罐；5—电动泵；6—转向控制单元

EHPS 的模块和电动机泵是一个总成，由 EHPS 模块控制电动机的电流，从而得到不同的电动机泵转速、产生不同的助力效果，EHPS 模块的工作受到三个主要因数的影响，如图 3-77 所示。

1）车速：车速越低，需要的转向助力越大。

2）方向转动角速度：转动角速度越大，需要的转向助力越大。

3）发动机转速信号：只有产生发动机转速信号，助力泵才开始工作。

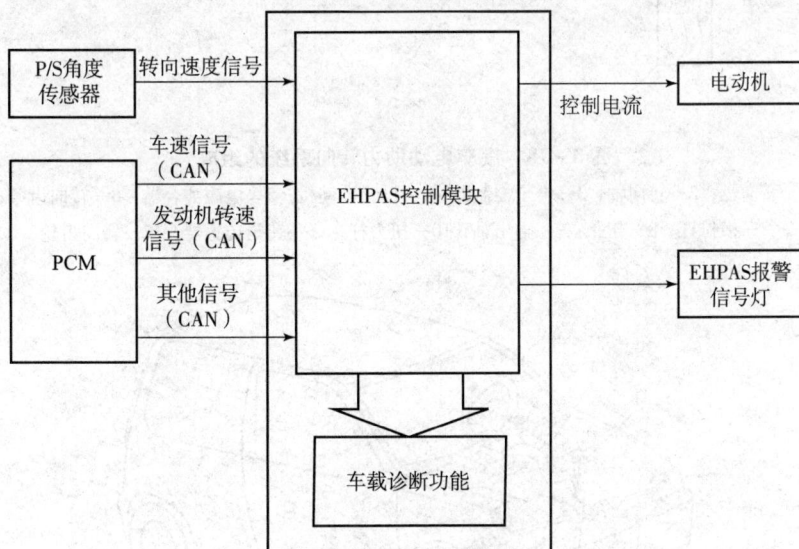

图 3-77　EHPS 控制原理

3.9.2　电动助力转向系统（EPS）

汽车电动助力转向系统（Electric Power Steering，简称 EPS 系统）能十分方便地调节系统的助力特性，使汽车在不同路况下获得不同的助力特性，以提高驾驶员转向时的路感，来满足不同驾驶员的需要。

1. 组成

如图 3 - 78 所示，该系统通常由转矩传感器、车速传感器、助力电动机、电磁离合器和减速机构及电子控制器组成。

2. 工作过程

当操纵转向盘时，装在转向盘轴的转矩传感器（亦称转向传感器）不断测出转向轴上的转矩，并由此产生一个电压信号。该信号与车速信号同时输入电子控制器，控制器中的微机根据这些输入信号进行运算处理，确定助力转矩的大小和转向，即选定电动机的电流和转向，调整转向的辅助助力。电动机的转矩由电磁离合器通过减速机构减速增矩后，加在汽车的转向机构上，使之得到一个与工况相适应的转向作用力。该系统各部件在车上的布置如图 3 - 79 所示。

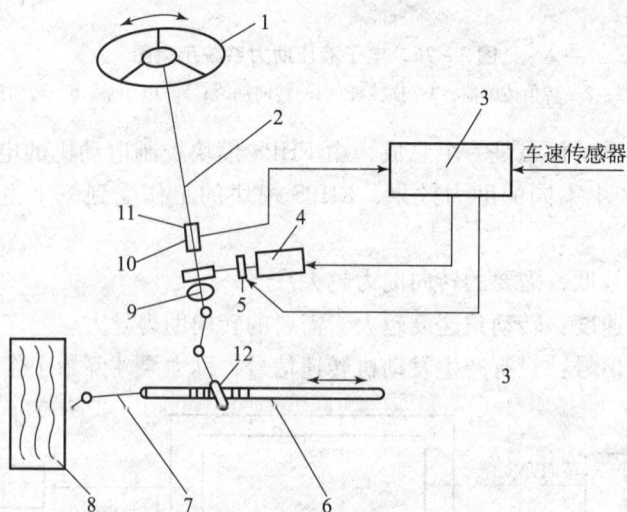

图 3 - 78　汽车电动助力转向系统的组成
1—转向盘；2—转向轴；3—电子控制器；4—助力电动机；5—电磁离合器；6—转向齿条；
7—横拉杆；8—轮胎；9—输出轴；10—扭力杆；11—转矩传感器；12—转向齿轮

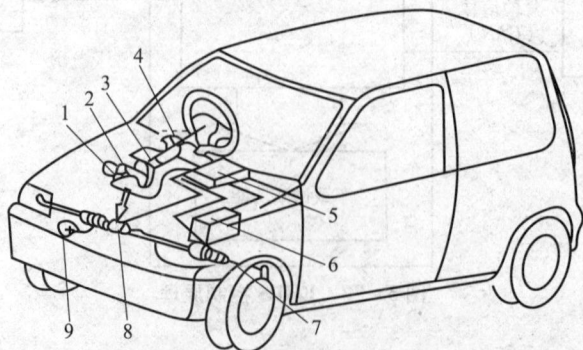

图 3 - 79　电动助力转向各部件的布置
1—助力电动机与离合器；2—减速机构；3—转矩传感器；4—车速传感器；
5—电子控制器；6—蓄电池；7—转速传感器；8—转向机构；9—发电机

3. 各部件原理

（1）扭矩传感器

扭矩传感器的作用是检测转向力大小并以电信号的方式输出至 EPS 模块，主要由定子、转子、扭杆等组成，如图 3-80 所示。

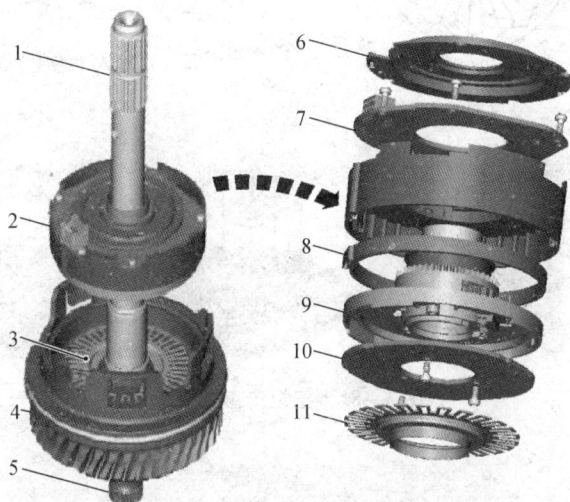

图 3-80 扭矩传感器结构

1—输入轴；2—扭矩传感器总成；3—扭矩传感器托架；4—蜗轮；5—输出轴；6—端盖；
7—固定片；8—时钟弹簧；9—定子固定架；10—定子；11—转子

在扭矩传感器的总成上，输入轴和输出轴通过一个扭杆相连，扭矩传感器的定子部分固定在输入轴的末端，而在输出轴的顶端则固定了扭矩传感器的转子部分。扭矩传感器的定子部分为 PCB（印刷电路板），在其上面布置有集成电路 ASIC 和三组交错布置的收发线圈，如图 3-81 所示。扭矩传感器的转子部分实际是一块压制金属板，在驾驶员转向时，因为有扭杆的存在，输入轴和输出轴发生相对运动，转子金属板切割定子收发线圈周围的磁场，从而使定子收发线圈感应出一个交流信号，此交流信号经 ASIC 处理后变成两组 PWM 信号提供给 EPS 模块使用，EPS 模块根据此 PWM 信号就可以判断驾驶员的操作意图，如扭矩大小、转动方向等。

（2）EPS 模块

EPS 模块的作用是接收来自于其他模块提供的车速、转速等信号，并结合扭矩传感器的信号，控制通向转向辅助电动机的电流，从而控制助力的大小，如图 3-82 所示。在车辆发生跑偏时，EPS 能在一定的条件下进行补偿，避免事故的发生。同时，在转向系统过热时，EPS 模块会控制助力转向系统进入过热保护模式，其控制原理如图 3-83 所示。

（3）转向辅助电动机

电动机由转子、定子和霍尔元件等组成，如图 3-84 所示。转向辅助电动机为无炭刷式交流电动机，它由一个三相星形连接定子、一个永磁转子和三组霍尔传感器组成。三组霍尔传感器与转向辅助电动机集成在一起，用于监测转子的位置，并将位置信号传送至 EPS 模块。EPS 模块根据从霍尔传感器输入的转子位置信号，从而控制流向每个定子的电流，实现智能控制，保证电动机在没有炭刷的情况下仍然可以获得稳定持续的运转。

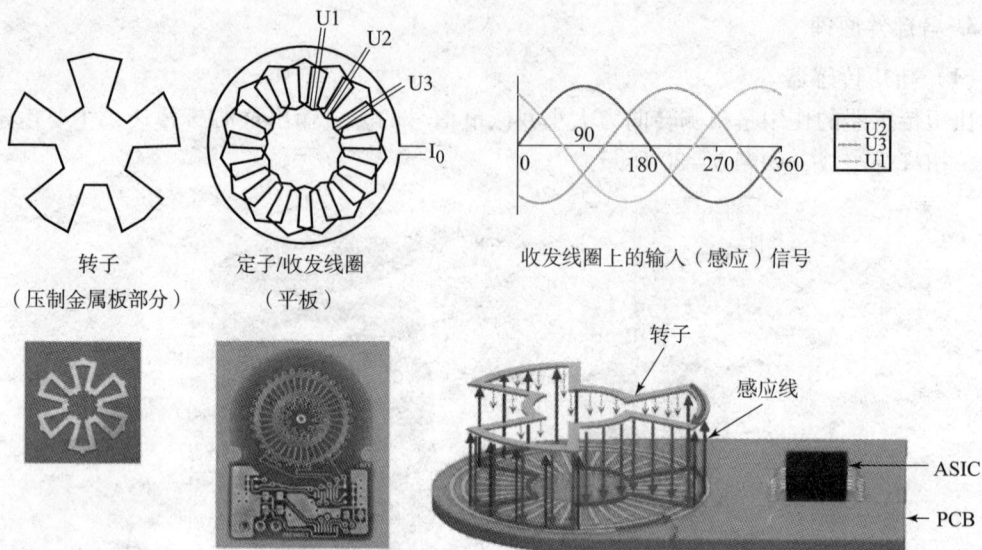

转子
（压制金属板部分）

定子/收发线圈
（平板）

U1
U2
U3
I0

0　90　180　270　360

U2
U3
U1

收发线圈上的输入（感应）信号

转子

感应线

ASIC

PCB

图 3-81　扭矩传感器原理

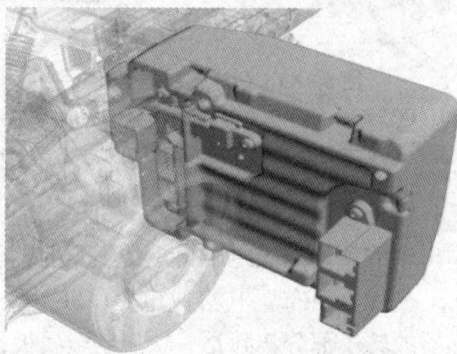

图 3-82　EPS 模块实物

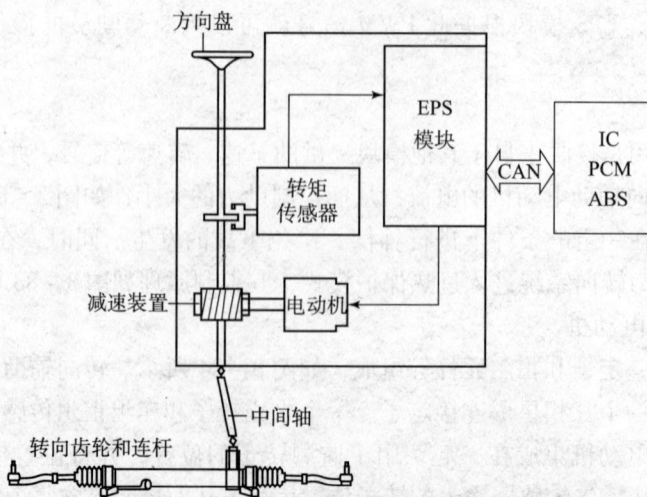

方向盘

EPS
模块

CAN

IC
PCM
ABS

转矩
传感器

减速装置

电动机

中间轴

转向齿轮和连杆

图 3-83　EPS 模块框图

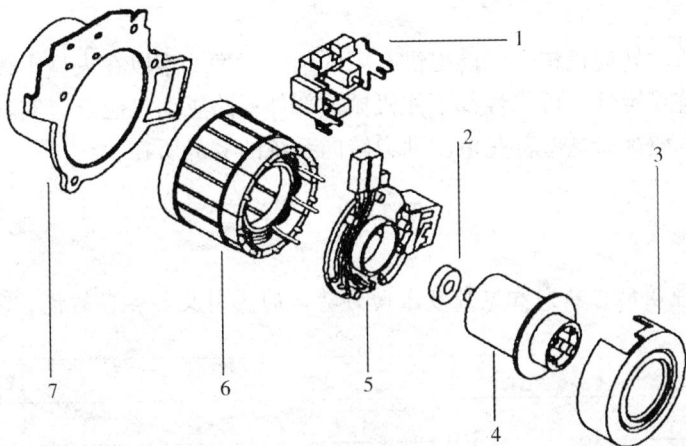

图 3 – 84   电动机

1—固定块；2—轴承；3—密封盖；4—转子；5—霍尔元件；6—定子；7—端盖

（4）减速装置

蜗轮蜗杆式减速器如图 3 – 85 所示。电动机驱动蜗杆运转，蜗杆再带动连接在转向柱上的蜗轮，从而实现减速增扭。

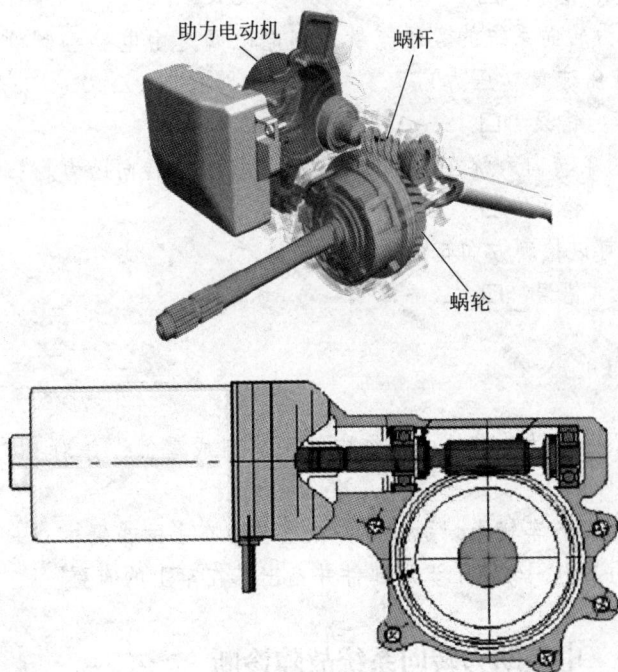

图 3 – 85   电动机减速装置

4. EPS 优点

系统结构简单，质量小，占用空间少；只消耗电力，能耗低；电子系统反应灵敏，动作直接、迅速，对环境无污染。

5. EPS 缺点

电动机直接驱动转向机构，只能提供有限的辅助力度，难以在大型车辆上使用；同时电子部件较多，系统稳定性、可靠性都不如机械式部件；路感信息匮乏，实际驾驶中的操控乐趣大大减少；成本较高。这些都是电动助力转向系统的劣势所在。

回答下列问题

1. 说出机械液压助力转向和电控液压助力转向的区别及其各自的优、缺点。

_____

_____

_____ 。

2. 说出 EPS 转向部件的组成、各部件的作用及其工作过程。

_____

_____

_____ 。

3. 判断下列说法的正确性，并在后面打上 "☒" 或 "☑"。

1）在电子控制助力转向系统中，常在液压进油路中安装一个旁通流量控制电磁阀。

正确 □   错误 □

2）电子控制助力转向系统的旁通流量控制电磁阀是由电脑控制的，电脑会根据车速、转向盘速度等控制液压流量（压力）。

正确 □   错误 □

3）EHPS 齿轮齿条转向系统在发动机熄火时还能提供转向助力。

正确 □   错误 □

4）扭矩传感器可以检测方向盘的转角和方向。

正确 □   错误 □

完成下列任务

1. 在已拆卸的不同电动助力转向系统中识别其组成零件，并对照实物说出其在车辆转向时的工作过程。

2. 在教师提供的 EPS 车辆上识别部件并指出其在车上的布置。

3. 在教师提供的 EHPS 车辆上识别部件并指出其在车上的布置。

🜂 活动 3.10 　电控助力转向系统故障诊断

活动学习目的

通过该活动的学习，使学生知道电控助力转向系统的故障诊断方法和思路，并能对电控助力转向系统的部件进行检查和维修。

3.10.1 EPS 电路分析

下面以北汽幻速汽车电控助力转向系统为例说明电控助力转向系统的检查过程。图 3 – 86 所示为北汽幻速电动助力转向电路，在 EPS 模块上有三个插接器，分别为 A、B、C，插接器的端口布置如图 3 – 87 所示，各个针脚的定义和参数如表 3 – 8 所示。

3.10.2 EPS 控制系统诊断流程

1）确定电池电压大于 11 V 或更高。

2）在点火开关打开时，注意 "EPS" 灯。打开点火开关，观察仪表 EPS 指示灯情况，指示灯亮 3 ~ 4 s 后熄灭，则转向系统正常，ECU 处于待机工作状态；如指示灯常亮，说明转向系统有故障，应予以排除。

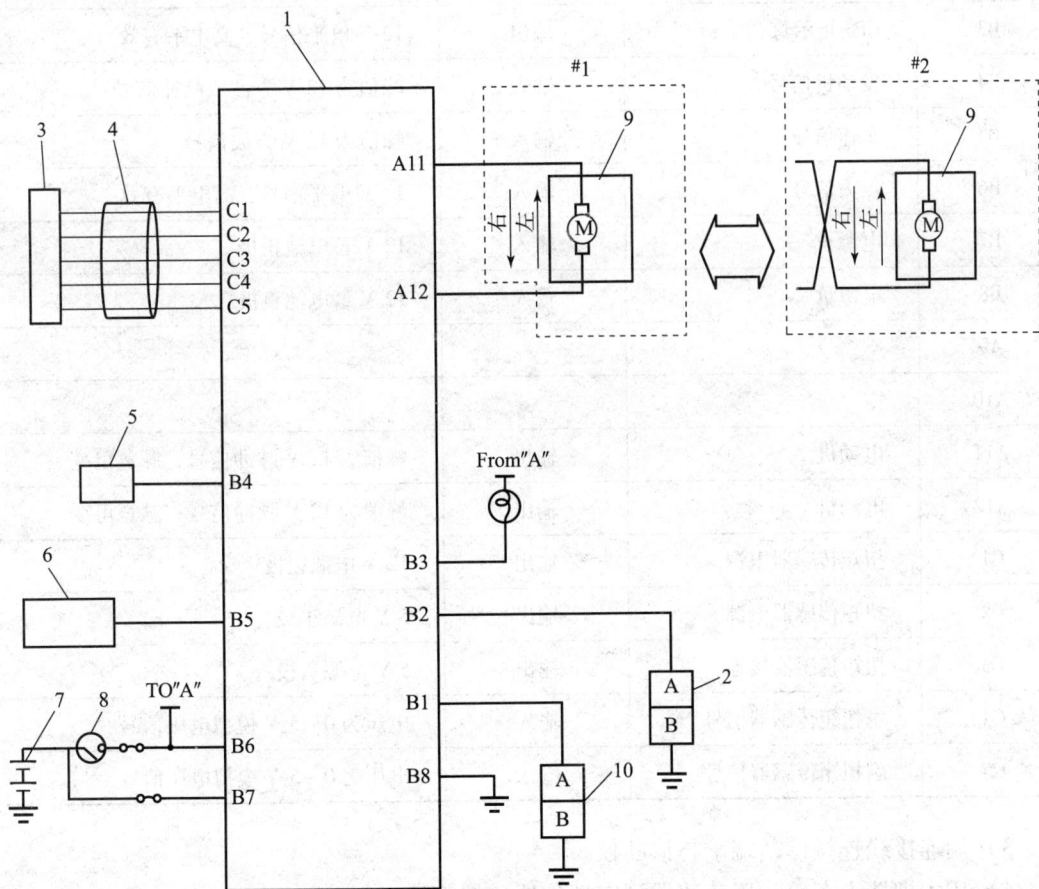

图 3 – 86 幻速 EPS 电路原理

1—EPS 控制盒；2—诊断插头；3—扭矩传感器；4—屏蔽线；5—抑噪器；6—速度里程表；
7—蓄电池；8—点火开关；9—助力电动机；10—故障清除端子

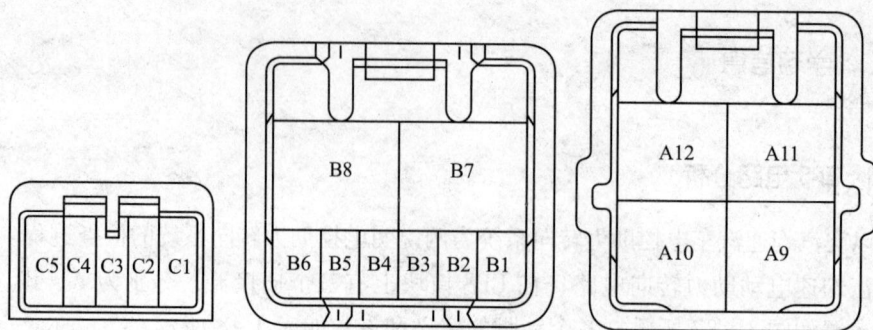

图 3 – 87　幻速电控助力转向系统插接器端子排列

表 3 – 8　幻速 EPS 模块端子定义

端子号	连接部件	信号出入	信号状态
B1	怠速提升	输出	低电平
B2	诊断端子/K 线	输入	接诊断仪端口
B3	EPS 指示灯	输出	12 V 电平信号，高电平有效
B4	发动机信号	输入	峰值为 12 V 方波或脉冲信号
B5	车速信号	输入	峰值为 12 V 方波信号
B6	点火信号	输入	12 V 电平信号，高电平有效
B7	电源正	输入	12 V 蓄电池正极
B8	电源负	输入	12 V 蓄电池负极
A9	空		
A10	空		
A11	电动机	输出	峰值为 12 V 脉冲信号，脉宽可变
A12	电动机	输出	峰值为 12 V 脉冲信号，脉宽可变
C1	扭矩传感器电源	输出	12 V 电源正极
C2	扭矩传感器电源	输出	5 V 电源正极
C3	扭矩传感器接地	输出	5 V 电源负极
C4	主扭矩传感器信号	输入	电压为 0～5 V 模拟电压信号
C5	副扭矩传感器信号	输入	电压为 0～5 V 模拟电压信号

3）用连接线连接诊断端子与诊断仪。

4）用木楔挡上车轮，置变速器到空挡位置并拉起驻车制动。

5）起动发动机诊断仪，读取故障码和数据流。

6）由于诊断故障代码（DTC）存储在 EPS 控制盒的备份存储器中，所以在维修后，一定要在点火及发动机起动正常运行时用诊断仪读取故障码，并清除所有故障码。

3.10.3　EPS 控制系统检查

表 3 – 9 列出了各端子的正常电压值，我们可以通过表中的测量状态测试各个针脚的电压是否正常来判断 EPS 的故障点在哪里。

表 3 – 9　端子电压

端子号	端子定义	正常电压/V	测量状态
B1	故障清除端子	—	—
B2	诊断开关终端	5	点火开关 ON
B3	"EPS" 灯	0 ~ 2	发动机怠速 "EPS" 指示灯亮
		10 ~ 14	发动机怠速 "EPS" 指示灯不亮
B4	发动机速度信号	—	—
B5	Vss	0 ~ 1 和 4 ~ 6	点火开关 ON 时，在锁住前轮状态下，前左轮胎转动很快
B6	点火开关信号	10 ~ 14	发动机怠速
B7	支持电路的 EPS 控制盒电源	10 ~ 14	发动机怠速
B8	接地	—	—
A9	空白		
A10	空白		
A11	电动机输出	1	发动机怠速，方向盘固定在回正的位置
A12	电动机输出	1	发动机怠速，方向盘固定在回正的位置
C1	传感器电源	约为 12	点火开关 ON 时，检查终端 C1 和 C3 之间的电压
C2	扭矩传感器电源	约为 5	点火开关 ON 时，检查终端 C2 和 C3 之间的电压
C3	扭矩传感器接地	0	—
C4	扭矩传感器辅路	约为 2.5	发动机怠速，方向盘固定在回正的位置，检查终端 C4 和 C3 之间的电压
C5	扭矩传感器主路	约为 2.5	发动机怠速，方向盘固定在回正的位置，检查终端 C5 和 C3 之间的电压

1. 检查 EPS 模块的供电电压

1）关闭点火开关，断开 EPS 模块的 B 插接器，测量 B7 和 B8 针脚的电压应为 12 V 电源电压。

2）打开点火开关，测量 B6 与 B8 针脚和搭铁的电压应为 12 V。

2. 检查扭矩传感器电压

1）断开扭矩传感器插接器，打开点火开关，检查扭矩传感器供电电压 C2 和 C3 针脚电压是否为 5 V。

2）检查 C1 和搭铁之间的电压是否为 12 V。

3. 检查扭矩传感器主线路

1）拆下 EPS 控制盒盖。

2）打开点火开关，把方向盘放置在直线行驶位置，检查扭矩传感器插头 C4 与 C3 之间电压大约为 2.5 V。

3）方向盘全部转向左边时，检查扭矩传感器插头 C4 与 C3 之间电压大于 3.5 V。

4）方向盘全部转向右边时，检查扭矩传感器插头 C4 与 C3 之间电压小于 1.5 V。

4. 检查扭矩传感器副线路

1）拆下 EPS 控制盒盖。

2）打开点火开关，把方向盘放置在直线行驶位置，检查扭矩传感器插头中的 C5 端电压大约为 2.5 V。

3）方向盘全部转向右边时，检查扭矩传感器插头 C5 端电压大于 3.5 V。

4）方向盘全部转向左边时，检查扭矩传感器插头 C5 端电压小于 1.5 V。

5. 检查车速信号 VSS

1）在点火开关置 OFF 时，拆卸 EPS 控制盒插头。

2）在控制盒插头的 B5 端子和车身接地间接入电压表。

3）抬起汽车的前端，锁住前右轮胎。

4）在点火开关置 ON 时，很快地转动前左轮胎。轮胎转动时，电压是否在 0~1 V 和 4~6 V。

6. 检查发动机转速信号

1）在点火开关 OFF 时拆卸 EPS 控制盒，并将万用表连接到 EPS 控制盒插头端。

2）在点火开关 ON 时，检查 EPS 控制盒的 B4 端子和接地之间电压，电压是否为 10~14 V。

7. 检查助力电动机

断开电动机插接器，给电动机加上蓄电池电压，电动机应有转动声，若没有声音，则应更换转向器总成。

8. 方向中位标定及清除

在转向系统更换零部件或者维修完成后，需重新在四轮定位仪上清除中位指令，重新标定中位，且清除掉以前的故障代码。直线行驶偏跑时也应进行中位指令重新标定。

1）将笔记本和诊断仪专用数据线连接起来。

2）将诊断的插头与整车 OBD 接口连接起来。

3）保证方向盘处于正中位置且前轮处于直线行驶过程中的位置状态。

4）确认连接无误后，打开诊断程序，进入北汽幻速 S2/S3 电动助力转向系统。

5）进入转向系统，中位指令消除。

6）进行中位指令标定。

回答下列问题

1. 驾驶员是怎样知道电子控制系统出现故障的？

_____

_____ 。

2. EPS 系统从控制单元的内存中重新提取故障信息的方法有哪些？

_____

_____ 。

3. 当系统故障确认后应采用何种方法确定某个元件有故障？

_____

_____ 。

4. 是否用诊断码识别到电气元件故障就可判定故障是由电控系统所致的？为什么？

_____

_____ 。

完成下列任务

1. 故障码和数据流读取。

这个任务的目的是给学生提供一个对 EPS 系统进行电子控制系统诊断测试的机会。教师提供装有 EPS 控制的汽车，学生按照以下程序完成性能测试。

1）查询、研究维修手册和诊断流程。

2）确定读取故障码的方法。

3）确定显示故障码的方法。

4）解释故障码，确定电路或整个电控系统的故障。

5）在表 3-10 中记录故障诊断信息。

表 3-10　故障诊断信息

车辆：	数据记录：	
车辆型号： 车架号： 生产年份：		

续表

读取故障码具体步骤：
删除故障码的方法：

将读到的故障码填写在表3-11中，并写出显示的所有系统故障。

表3-11　故障码

代码号（显示顺序）	详细故障

2. 检查电路和测试元件程序。

这个任务目的是为学生提供一个对EPS系统进行电路检查和测试元件性能的机会。教师提供一辆装有EPS的汽车，学生按照以下程序完成性能测试。

1）查询、研究维修手册和诊断流程。

2）在表3-12中记录测试信息并判断元件好坏。

表3-12　测试信息

端子号	端子定义	正常电压	实测电压	是否正常
B1	故障清除端子			
B2	诊断开关终端			
B3	"EPS"灯			
B4	发动机速度信号			
B5	Vss			

端子号	端子定义	正常电压	实测电压	是否正常
B6	点火开关信号			
B7	支持电路的 EPS 控制盒电源			
B8	接地			
A9	空白			
A10	空白			
A11	电动机输出			
A12	电动机输出			
C1	传感器电源			
C2	扭矩传感器电源			
C3	扭矩传感器接地			
C4	扭矩传感器辅路			
C5	扭矩传感器主路			

单元学习鉴定表

你是否在教师的帮助下成功地完成了单元学习目标所设计的学习活动	
	肯定回答
专业能力	肯定回答
认识转向系统的类型和组成	
知道转向系统各部件的作用和工作过程	
知道机械转向系统的工作原理	
知道液压助力转向系统的工作原理	
正确实施机械转向系统的检测	
正确实施液压助力转向系统的检测	
正确实施转向油泵、助力缸的拆卸、装配、复位和调整程序	
正确实施电控助力转向系统的检测	
关键能力	肯定回答
你是否根据已有的学习步骤、标准完成资料的收集、分析和组织工作	
你是否通过标准有效和正确地进行交流	
你是否按计划有组织的活动，是否朝学习目标努力	
你是否尽量利用学习资源完成了学习目标	

单元 3 汽车转向系统维修

完成情况

　　所有上述表格必须是肯定回答。如果不是，应咨询教师是否需要增加学习活动，以达到要求的技能。

教师签字＿＿＿＿＿＿＿＿＿＿＿＿＿＿＿＿＿＿＿＿＿＿＿＿＿

学生签字＿＿＿＿＿＿＿＿＿＿＿＿＿＿＿＿＿＿＿＿＿＿＿＿＿

完成时间和日期＿＿＿＿＿＿＿＿＿＿＿＿＿＿＿＿＿＿＿＿＿

单元 4
车轮定位检查与调整

单元学习目标

通过本单元的学习，使学生能够掌握四轮定位的有关知识，并能够检测和调整汽车的车轮定位参数，具体表现为：

1）能够认识车轮定位角的作用和定位原理。
2）能够掌握各类四轮定位角的形成原理。
3）能够掌握车轮定位角的调整方法，能用检测仪器对车轮定位角进行检查。
4）能够掌握车轮定位角对车辆行驶性能的影响。

学习资源

1）各类汽车维修手册。
2）各种介绍四轮定位的书籍。
3）四轮定位仪的操作使用说明书。
4）有关职场健康与安全法律、法规。
5）车间安全操作规定。

可供学习的环境和使用的设备

1）车间或模拟车间。
2）个人防护用品、用具。
3）四轮定位检测仪和汽车维修工具。
4）安全的工作环境和工作场所。

单元学习活动

◇ 活动 4.1　认识车轮定位原理
◇ 活动 4.2　车轮定位角的调整

单元学习鉴定表

❀ 活动4.1　认识车轮定位原理

🏁 活动学习目的

通过该活动的学习，使学生能够认识车轮定位的概念及其作用，知道车轮定位角在车上是如何形成的，能说出车轮定位不良引起的故障，具体表现为：

1）能认识车轮定位的原理。

2）掌握车轮定位的参数及其作用。

3）能描述车轮定位在车上的形成。

4）能说出各个定位参数对汽车行驶性能的影响。

✎ 学习信息

四轮定位是以车辆的四轮参数为依据，通过调整来确保车辆具有良好的行驶性能及一定的可靠性。

4.1.1　车轮定位的定义和作用

1. 四轮定位的定义

所有的车轮都应有正确的位置和方向，轿车的转向车轮、转向节和前轴三者之间的安装具有一定的相对位置，这种具有一定相对位置的安装叫作转向车轮定位，也称前轮定位。前轮定位包括主销后倾（角）、主销内倾（角）、前轮外倾（角）和前轮前束四个内容，这是对两个转向前轮而言。对两个后轮来说也同样存在与后轴之间安装的相对位置，称后轮定位。后轮定位包括车轮外倾（角）和逐个后轮前束。这样前轮定位和后轮定位总起来称为四轮定位。

2. 四轮定位的作用

为了保证汽车稳定的直线行驶，应使转向轮具有自动回正的作用。就是当转向轮在偶遇外力作用发生偏转时，在外力消失后，应能立即回到直线行驶位置。这种自动回正作用是由转向轮定位参数来保证实现的，这些参数还可以提高转向轻便性和减少轮胎与机件的磨损，增加驾驶操纵感，减少燃油消耗。这些参数有主销后倾角、主销内倾角、前轮外倾角和前轮前束等。

3. 四轮定位的目的

保证汽车的操纵稳定性、方向稳定性及最小的轮胎磨损，并在各种路况下保证这些要求的实现。磨损、变形、损坏会使定位参数发生变化，从而导致严重事故。更换球销、摆臂、横拉杆等零件后须对车轮定位参数进行调整。

车轮定位就是对悬架及转向系统各部件进行调整，以达到原设计功能，且只有电脑四轮定位才是快捷、准确的定位方法。当车辆出现以下情况时要进行四轮定位。

1）直线行驶困难。

2）前轮摇摆不定，行驶方向漂移。

3）轮胎出现不正常磨损。

4）汽车更换悬架系统、转向系统有关部件。

5）碰撞事故维修后。

4. 车轮定位基准

1）车轮中心线：指轮胎上对车轴垂直的中心线，如图 4 – 1 所示。

2）几何中心线：指车身纵向中心平面和过前后两车轴水平面的交线，如图 4 – 1 所示。

3）推力线：指后轮总前束的角平分线，如图 4 – 1 所示。

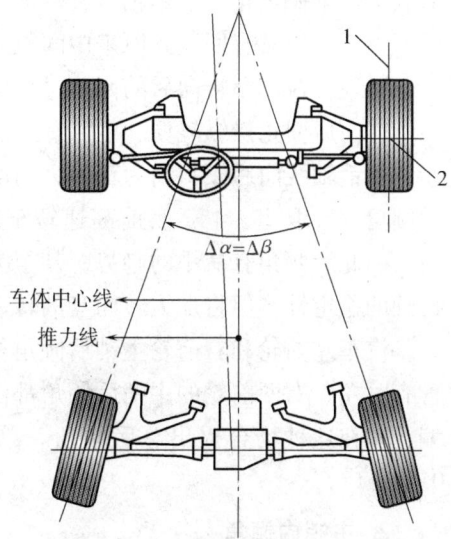

图 4 – 1　四轮定位基准
1—车轮中心线；2—车轴

4.1.2　四轮定位的角度

1. 主销后倾角

（1）定义

如图 4 – 2 所示，当汽车水平停放时，在汽车的纵向垂面内，主销上部向后倾斜一个角度 γ，称为主销后倾角。

（2）作用

当主销具有后倾角时，主销轴线与路面交点 a 将位于车轮与路面接触点 b 的前面。当汽车直线行驶时，若转向轮偶然受到外力作用而稍有偏转（例如向右偏转，如图 4 – 2 中箭头所示），汽车将偏离行驶方向而向右转弯。由于汽车本身离心力的作用，在轮胎与路面接触点 b 处将产生一个路面对车轮的侧向反作用力 F，由于反作用力 F 没有通过主销轴线，因而

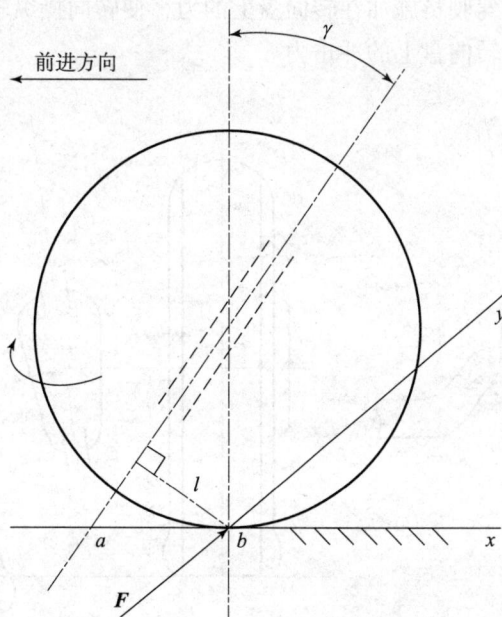

图 4 – 2　主销后倾角示意

形成了一个使车轮绕主销轴线旋转的力矩 M_1，其方向正好与车轮偏转方向相反。在力矩作用下，使车轮具有回复到原来中间位置的作用，从而保证了汽车直线行驶的稳定性。

同理，在汽车转向后的回正过程中，此力矩具有帮助驾驶员使转向车轮回正的作用，使汽车转向后回正操纵轻便。

主销轴线向后倾斜角为正值，向前倾斜角为负值，主销垂直于地面时后倾角为零。主销后倾角一般取 $2° \sim 4°$。目前高速轿车广泛采用低压胎，轮胎与地面接触面增大，稳定性提高，因此后倾角有减小的趋势，甚至为负值，但不超过 $-1°$。主销后倾角大些，有利于直线行驶的稳定性，但将加大转向盘的转动力矩。

汽车左前轮和右前轮主销后倾角相差过大，会引起汽车向后倾角小的方向跑偏。因此尽管有时左、右两前轮的主销后倾角都没有超过标准，但它们的差值超过一定限度也会发生跑偏，即在这种场合提出总后倾角。总后倾角是指两侧车轮主销后倾角的差，其值一般为 $0.5° \sim 1°$。

2. 主销内倾角

（1）定义

主销安装在前轴上，其上端略向内侧倾斜，这种现象称为主销内倾。在垂直于汽车支撑平面的横向平面内，主销轴线与汽车支撑平面垂线之间的夹角称为主销内倾角，如图 4-3 所示。

（2）作用

1）主销内倾具有使转向轮转向操纵轻便的作用。

如图 4-3（a）所示，由于主销内倾，使主销轴线的延长线与地面的交点至车轮中心平面与地面交点之间的距离 c 缩短，转向时，路面作用在转向轮上的阻力对主销轴线产生的力矩减小，从而减小转向时驾驶员施加在转向盘上的力，使转向操纵轻便。同时还可以减小因路面不平而从转向轮传到转向盘上的冲击力。

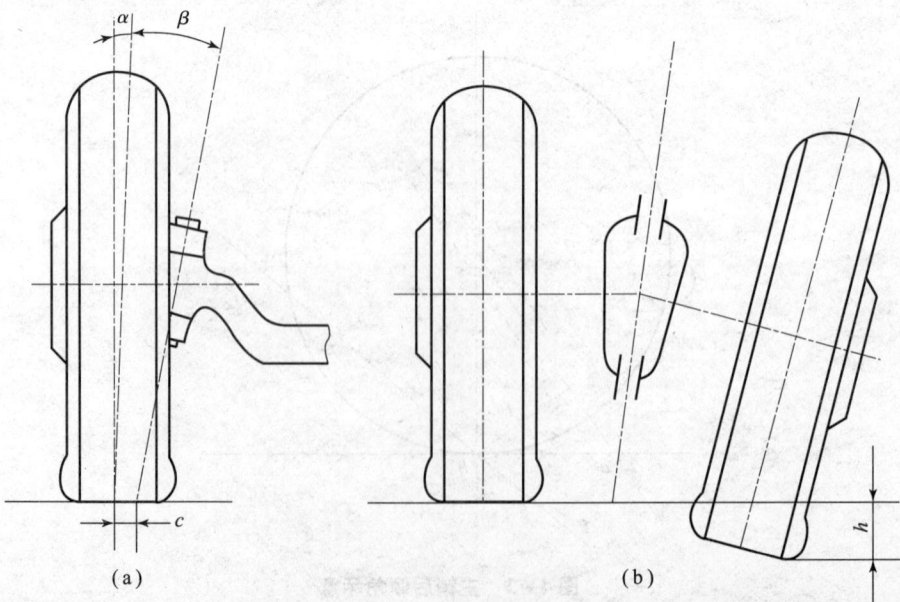

图 4-3 主销内倾角

2）主销内倾具有使转向轮自动回正的作用。

如图 4-3（b）所示，当转向轮在外力作用下绕主销旋转（为了解释方便，假设旋转180°，即由图 4-3（b）中左边位置转到右边位置而偏离中间位置）时，由于主销内倾，车轮的最低点将陷入路面以下，即车轮必须将路面压低距离 h 后才能旋转过来，但实际上路面不可能被压低，车轮下边缘不可能陷入路面之下，而是车轮连同整个汽车前部被向上抬起相应高度。一旦外力消失，转向轮就会在汽车前部重力作用下力图自动回正到旋转前的中间位置。主销内倾角越大，转向轮偏转角越大，汽车前部就抬起得越高，转向轮自动回正的作用就越大。

（3）对汽车的影响

1）主销内倾角过大。

主销内倾角过大，偏置 c 减小，转向时，车轮在滚动的同时将与路面产生较大的滑动，增加轮胎与路面的摩擦阻力，这不仅会使转向沉重，而且加速了轮胎的磨损，故主销内倾角一般不大于8°。

2）主销内倾角过小。

主销内倾角过小，偏置 c 增大，汽车行驶的稳定性和制动稳定性将变差。在一些发动机前置前轮驱动的轿车上，为了使汽车具有良好的行驶稳定性，特别是制动稳定性，其主销内倾角均较大。

3. 车轮外倾角

（1）定义

转向轮安装在转向节上时，其旋转平面上端向外倾斜，这种现象称为转向车轮外倾。车轮旋转平面与垂直于车辆支撑面的纵向平面之间的夹角，称为车轮外倾角，如图 4-4 所示。

（2）作用

车轮外倾角的作用是提高车轮工作的安全性和转向操纵的轻便性。

由于主销与衬套之间、轮毂与轴承等处都存在着装配间隙，若空车时车轮的安装正好垂直于路面，则满载时上述间隙将发生变化，车桥也会因承载而变形，从而引起车轮向内倾斜。车轮内倾将使路面对车轮垂直反作用力的轴向分力压向轮毂外端的小轴承，使该轴承及其锁紧螺母等件承受的载荷增大，降低了它们的使用寿命，严重时会损坏锁紧螺母而使车轮脱落。为此，安装车轮时要预先留有一定的外倾角，以防上述不良影响的发生。但车轮外倾角不宜过大，否则会使轮胎产生偏磨损。一般前轮外倾角为1°左右。

与主销总后倾角一样，如果总车轮外倾角（两侧车轮外倾角的差）超过一定值，汽车也会发生跑偏（汽车向外倾角大的一侧跑偏）。总外倾角一般为 0.5°～1°，误差不超过 0.5°。

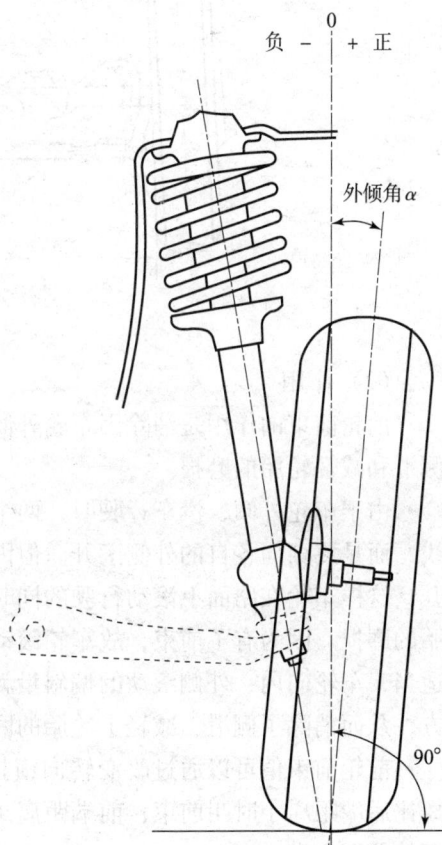

图 4-4 车轮外倾角

4. 前束

（1）定义

车轮安装在车桥上，两前车轮的中心平面不平行，其前端略向内侧收束，这种现象称为前轮前束。两前轮后端距离 A 大于前端距离 B，其差值称为前轮前束值，如图 4 – 5 所示；或者两轮胎中心线的夹角为总前束，左右轮胎的中心线与几何中心线的夹角为单独前束。

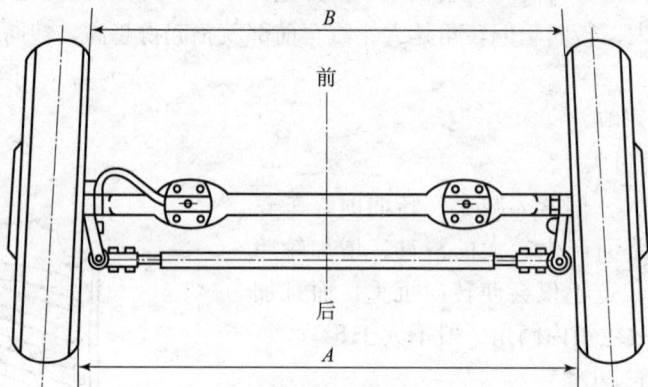

图 4 – 5　前束

（2）作用

前轮前束的作用是消除因车轮外倾所造成的不良后果，保证车轮不向外滚动，防止车轮侧滑和减轻轮胎的磨损。

由于车轮外倾，汽车行驶时，两个车轮的滚动类似于两个锥体的滚动，其轨迹不再是直线，而是逐渐向各自的外侧滚开。但因受车桥和转向横拉杆的约束，两侧车轮不可能向外滚开，这样车轮在路面上滚动行驶的同时又被强制地拉向内侧，产生向内的侧滑，从而加剧轮胎的磨损。因为有了前束，故车轮滚动的轨迹是向内侧偏斜，只要前束值与车轮外倾角配合适当，车轮向内、外侧滚动的偏斜量就会相互抵消，使车轮每一瞬间的滚动方向都朝着正前方，从而消除了侧滑，减轻了轮胎的磨损。

前轮前束值可以通过改变转向横拉杆的长度来调整，一般前束值为 0 ~ 12mm。前端距离比后端距离小时叫前束；前端距离比后端距离大时叫前展，也叫负前束。总前束是指两侧车轮前束之和。

5. 包容角

在大部分地方，包容角不在四轮定位角定位概念内，它只是四轮定位角以外的一个诊断参数。包容角是指主销内倾角和车轮外倾角之和，如图 4 – 6 所示。在悬架系统没有损坏的情况下，内倾角和外倾角会发生变化，但是包容角不变。包容角是帮助我们诊断悬架系统构件、车轴及减振器变形或磨损的有力工具。

6. 后轮推进角

后轮推进角实际上是四轮定位延伸出来的一个概念。后轮推进角是指推力线与汽车纵向几何中心线形成一个角度，如图 4 – 1 所示。

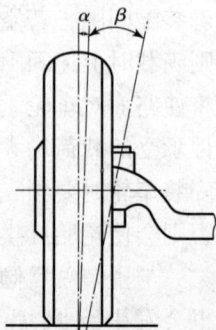

图 4 – 6　包容角

后轮推进角的存在，使后轮推进线给汽车一个力矩，其是引起汽车跑偏的一个重要原因。当然，如果汽车后轮轴线没有偏斜，但是两后轮的前束不一致，也会形成推进角，也会引起跑偏。

后轮推进角是两后轮前束差值的一半，一般规定推进线向左为负、向右为正。

目前还有很多汽车后轿是整体式的，后轮垂直装在后桥上，不能调整前束和车轮外倾角，有的后轮虽然是独立悬架，但前束也不能调整。这样后桥轴线有偏斜或者后轮悬架的拉臂有变形，均会引起推进角的形成。当后轮的推进角大于 $0.1°$ 而小于 $0.4°$，就用前轮前束来补偿，这叫补偿四轮定位。比如：一汽车左后轮前束为 $0.2°$，右后轮前束为 $0.6°$，后轮推进角为 $(0.2° - 0.6°)/2 = -0.2°$，这样会使汽车向右跑偏，为此要把前轮前束调为向左，即让右前轮前束比左前轮大 $0.2°$。

4.1.3　定位角在车上的形成

1.　主销定位角（内倾、后倾）

（1）有实际主销

转向系统中本身有实际主销的，在制造转向桥上的主销孔时就已设计好了孔的物理位置，即决定了主销的定位，如图 4-7 所示。

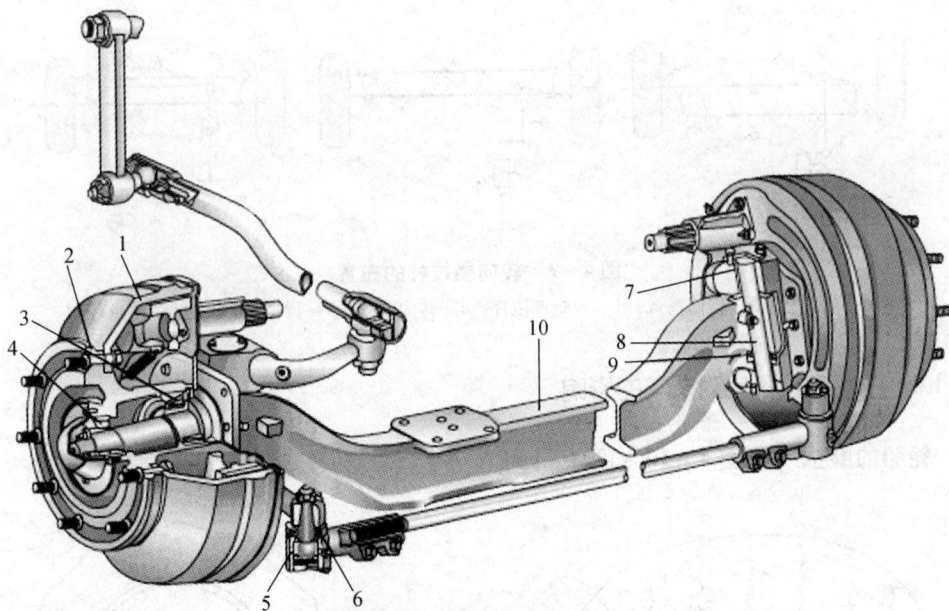

图 4-7　转向桥结构示意图

1—制动鼓；2—轮毂；3，4—轮毂轴承；5—横拉杆球头；6—油封；
7—衬套；8—主销；9—滚子止推轴承；10—前轴

（2）无实际主销

在车上没有实际的主销（如在独立悬架中），如图 4-8 所示，在这种情况下下摆臂球头与减振器和车架的连接点之间的两点连线即为主销的位置。

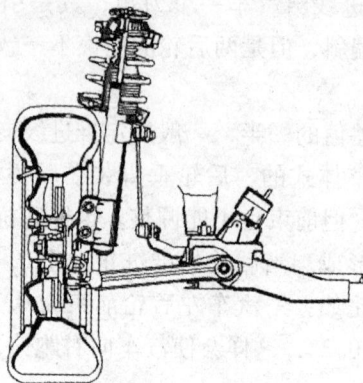

图 4 - 8　无主销的悬架

2. 车轮外倾角

车轮外倾角一般是由转向节向下弯曲而形成的。

3. 前束

前束是由转向横拉杆形成的。如图 4 - 9 所示，如果横拉杆后置，调长横拉杆长度，则前束增大；如果横拉杆前置，则相反。

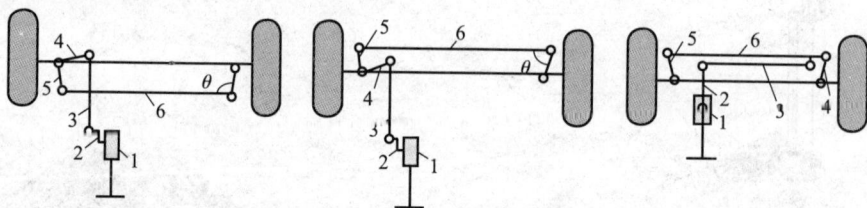

图 4 - 9　转向横拉杆的布置

1—转向器；2—转向摇臂；3—转向直拉杆；4—转向节臂；5—梯形臂；6—转向横拉杆

4.1.4　四轮定位不良对汽车的影响

1. 轮胎的磨损（见图 4 - 10 ~ 图 4 - 13）

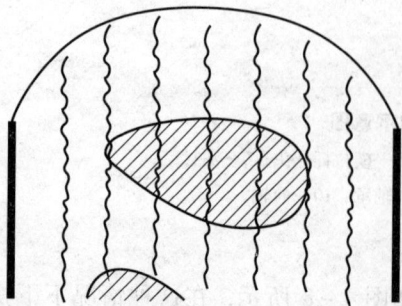

图 4 - 10　啃胎

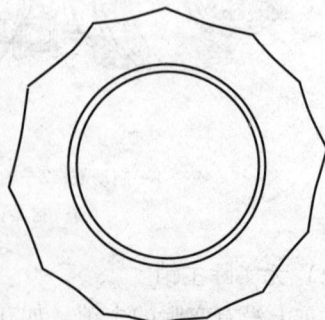

图 4 - 11　轮胎成棱圆磨损

图4-12 偏磨

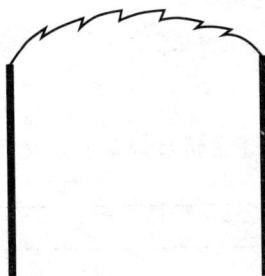

图4-13 轮胎成锯齿形磨损

2. 四轮定位不良引起的行驶故障（见表4-1）

表4-1 四轮定位不良故障原因

四轮定位角度	原因	故障情况
主销后倾角	太大	转向时方向盘太重
	太小	直行时方向盘摇摆不定，转向后不能自动回正
	不等	直行时车子往小后倾角边拉
车轮外倾角	太大	轮胎外缘磨损、悬架配件磨损
	太小	轮胎内缘磨损、悬架配件磨损
	不等	直行时车子往大外倾角边拉
前束	正前束过大	轮胎外缘羽毛状磨损、轮胎内缘磨损、方向盘不稳定
	负前束过大	轮胎内缘羽毛状磨损、轮胎外缘磨损、方向盘不稳定

3. 行驶故障及原因

值得我们注意的是，行驶故障主要是由四轮定位不良引起的，但也不完全是，主要问题见表4-2。

表4-2 行驶常见故障原因

行驶故障	可能原因
方向盘太重	后倾角太大、车轮动态或静态不平衡、车轮中心点产生凸轮效应、发动机不平衡发抖、制动盘厚薄不均
方向盘不正	后轮前束不良造成推进线歪斜、转向系统不正
轮胎块状磨损	车轮静不平衡，后轮前束不良
偏向行驶	左右后倾角或外倾角不相等、车身高度左右不等、左右车轮气压不等、左右轮胎尺寸不等、轮胎变形或不良、转向系统卡住、制动片卡住
轮胎羽毛状磨损	前束不良
轮胎单边磨损	外倾角不良
凹凸波状磨损	车轮动态不平衡、后轮前束不良

回答下列问题

1. 请你描述主销后倾角的定义，并说明在受到侧向力时其是怎么产生回正力矩的。

_____

_____

_____。

2. 请你描述主销内倾角的定义，并说明主销内倾角是怎么产生回正力矩的。

_____

_____

_____。

3. 请你说明车轮为什么要安装成向外倾斜的，在车上是通过什么保证的。

_____

_____

_____。

4. 请你说明车轮定位角的大小对汽车行驶性能产生的影响。

主销内倾角：_____

_____。

主销后倾角：_____

_____。

车轮外倾角：_____

_____

_____。

前束：_____

_____

_____。

包容角：_____

_____

_____。

推力角：_____

_____

_____。

5. 选择题。

1）在汽车横向平面内，转向节主销（   ）有向内的一个倾斜角，称为主销内倾角。

A. 左端 　　　　B. 右端 　　　　C. 上端 　　　　D. 下端

2）在汽车横向平面内，转向节主销（   ）有向后的一个倾斜角，称为主销后倾角。

A. 左端 　　　　B. 右端 　　　　C. 上端 　　　　D. 下端

3）主销内倾角的主要作用为（ ）。

A. 使汽车转向轻便 　　　　　　　B. 稳定力矩，保证直线行驶的稳定性

C. 补偿轮胎侧滑的不良后果 　　　D. 适应载荷变化引起的轮胎异常磨损

4）主销后倾角的主要作用为（ ）。

A. 使汽车转向轻便 　　　　　　　B. 稳定力矩，保证直线行驶的稳定性

C. 补偿轮胎侧滑的不良后果 　　　D. 适应载荷变化引起的轮胎异常磨损

5）前轮前束的主要作用为（ ）。

A. 使汽车转向轻便 　　　　　　　B. 稳定力矩，保证直线行驶的稳定性

C. 补偿轮胎侧滑的不良后果 　　　D. 适应载荷变化引起的轮胎异常磨损

6）前轮外倾角的主要作用为（ ）。

A. 使汽车转向轻便 　　　　　　　B. 稳定力矩，保证直线行驶的稳定性

C. 补偿轮胎侧滑的不良后果 　　　D. 适应载荷变化引起的轮胎异常磨损

7）以下不属于转向传动机构的部件是（ ）。

A. 转向摇臂 　　　B. 转向节臂 　　　C. 转向轮 　　　D. 转向横拉杆

8）汽车方向盘不稳的原因不可能是由（ ）造成的。

A. 转向节主销与铜套磨损严重，配合间隙过大

B. 转向机蜗杆轴承装配过紧

C. 前束过大

D. 横直拉杆球节磨损松动

9）四轮定位的目标是使车辆在方向盘处于中间位置时可直线驱动和追迹行驶，为此各车轮必须相互平行，并（ ）于公共中心线。

A. 平行 　　　　　B. 垂直 　　　　　C. 斜交

10）汽车向左侧滑，可能是由（ ）引起的。

A. 右前制动器拖滞 　　　　　　　B. 左前车轮前束太大

C. 左前车轮负后倾角太大 　　　　D. 右前车轮负后倾角太大

6. 判断下面说法的正确性，并在后面打上"☒"或"☑"。

1）转向后束不是可调整的角度，通常用它来检查转向臂是否弯曲或安装是否正确。

正确 □ 　　　　　错误 □

2）转向后束不可调整，通常用它来检查连杆或转向器是否安装有误。

正确 □ 　　　　　错误 □

3）主销内倾角（SAI）的作用是将汽车重量作用在轮胎垂直中心线的内侧或外侧。

正确 □ 　　　　　错误 □

4）从车前部看，转向节主销与轮胎垂直中心线之间的角度即为主销内倾角。

正确 □ 　　　　　错误 □

5）主销内倾角的作用是将汽车重量传到路面上，同时保持汽车的稳定性。

正确 □ 　　　　　错误 □

6）主销内倾角帮助转向系统在转向后回复到向前的位置。

正确 □ 　　　　　错误 □

7）主销内倾角不可调，但必须对它进行检验，这有助于发现其他故障。

正确 □ 　　　　错误 □

8）主销内倾角不正确可通过更换影响该角度的部件进行校正。

正确 □ 　　　　错误 □

9）车轮定位的目的是保证汽车沿路面直线行驶。

正确 □ 　　　　错误 □

10）汽车的几何中心线应和道路的延伸方向平行。

正确 □ 　　　　错误 □

11）后轮轮胎应和车的几何中心线平行。

正确 □ 　　　　错误 □

12）如果后轮的轮胎与车的几何中心线不平行，则会使推力方向偏左或偏右。

正确 □ 　　　　错误 □

13）车轮滞后是汽车两边轴距不等时的一种情况。

正确 □ 　　　　错误 □

14）推力线与汽车中心线出现夹角，此时会产生车轮卡滞。

正确 □ 　　　　错误 □

15）车轮轴承松动或出现故障会全面影响车辆的平顺性。

正确 □ 　　　　错误 □

16）主销后倾角过大会引起高速行驶时转向过于灵敏。

正确 □ 　　　　错误 □

17）当汽车有方向偏移时，应检查主销后倾角和前束的大小。

正确 □ 　　　　错误 □

完成下列任务

1. 根据教师提供的车辆，至少在四种车上找出四轮定位角的形成（四种车型必须包含有独立悬架的车型、非独立悬架的车型、有真正主销的车型和没有真正主销的车型）。

2. 说出定位参数不当会产生的故障。

✷ 活动4.2　车轮定位角的调整

🏁 活动学习目的

1）掌握车轮定位角的调整原理。
2）掌握车轮定位角的调整方法。

学习信息

四轮定位参数的调整主要是通过形成各定位角机构来实现的。定位角形成的主要机构包括上、下摆臂和拉杆等。由于各种车型具体结构不同，故调整的方法也不同，现将各种调整方法归纳如下。

4.2.1 从上控制臂进行调整

1）如图4-14所示，松开两螺栓，等值加、减两处垫片可以改变外倾角，不等值加、减垫片（从一端抽出加到另一端）可以调整主销后倾角。

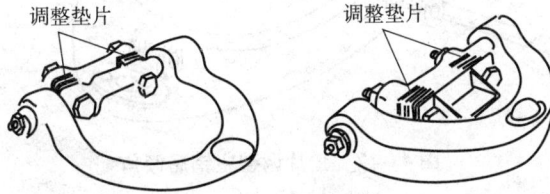

图4-14 调整垫片

2）如图4-15所示，松开两个螺栓，可以平行移动上控制臂，从而调整主销后倾角或前轮外倾角。

3）如图4-16所示，旋转带有凸轮的螺栓，可以调整主销后倾角和车轮外倾角，应当首先设定外倾角，然后再检查和调整后倾角，最后再复查外倾角。

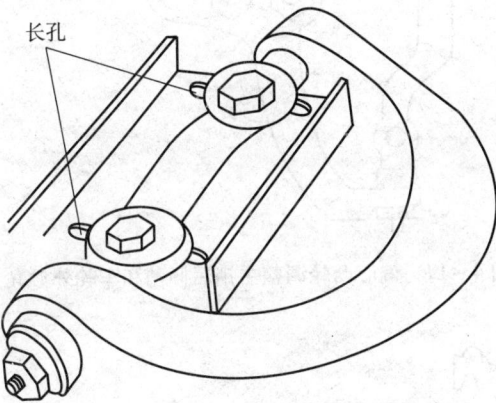

图4-15 上控制臂长孔调整装置

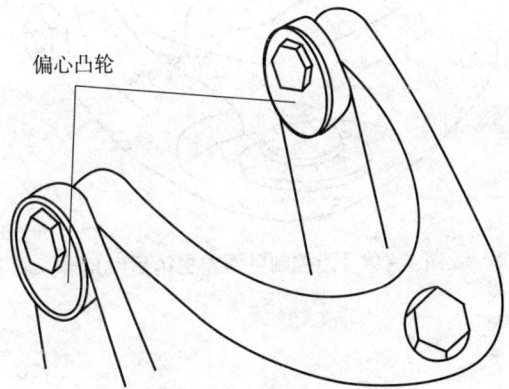

图4-16 偏心凸轮调整装置

4）如图4-17所示，增加或减少前后的垫片，可以调整主销后倾角。旋转上控制臂末端球头180°，可以增加或减少1°车轮外倾角。

5）如图4-18所示，旋转上控制臂，可以调整主销后倾角。改变控制臂轴与车架间的垫片可以调整车轮外倾角。

6）如图4-19所示，旋转上控制臂的两个偏心凸轮，分别调整主销后倾角和车轮外倾角。

7）如图4-20所示，增加或减少垫片可以调整车轮外倾角。

8）如图4-21所示，拆下上控制臂两安装螺栓，然后旋转上控制臂轴，可以调整车轮外倾角。

9）如图4-22所示，分别旋转两个偏心螺栓，可以调整车轮外倾角和主销后倾。

垫片

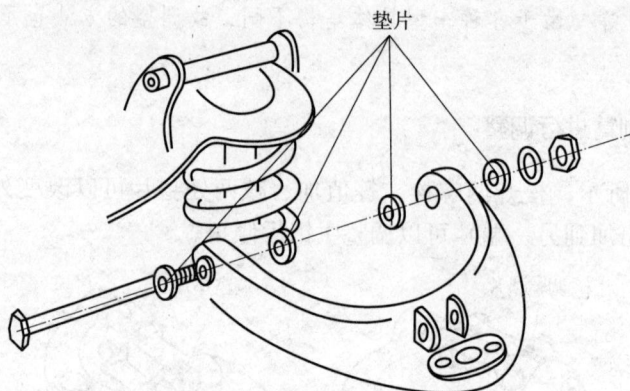

图 4-17　垫片调整主销后倾角

专用工具

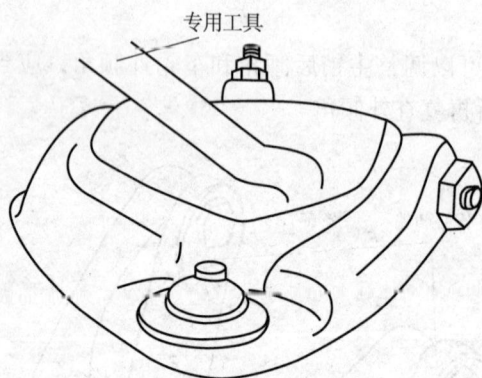

图 4-18　上控制臂调整主销后倾角

调外倾角

调后倾角

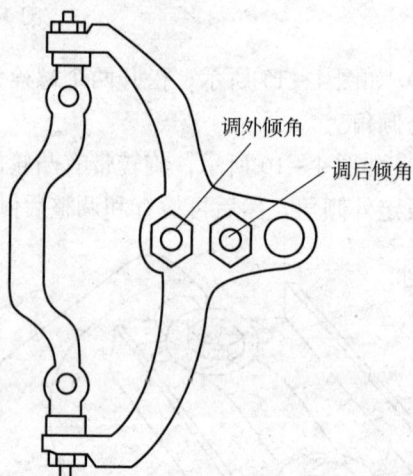

图 4-19　偏心凸轮调整主销后倾角和车轮外倾角

垫片

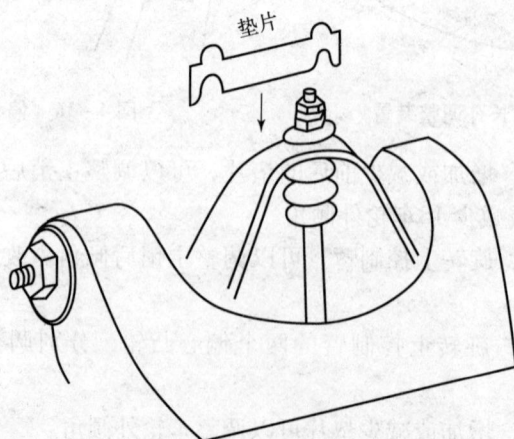

图 4-20　垫片调车轮外倾角

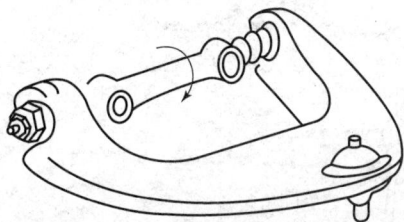

图 4 – 21　上控制臂轴调整车轮外倾角

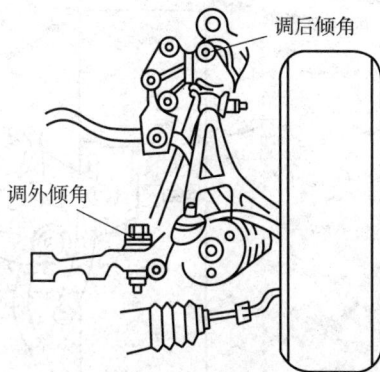

图 4 – 22　偏心螺栓调整外倾和后倾角

4.2.2　从下控制臂进行调整

1）如图 4 – 23 所示，旋转偏心凸轮，可以调整车轮外倾角。

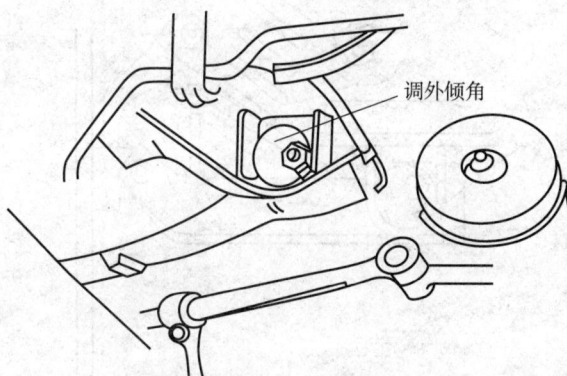

图 4 – 23　偏心凸轮调整外倾角

2）如图 4 – 24 所示，下控制臂安装在长孔里，可以松开螺栓，通过前后移动控制臂来调整主销后倾角。

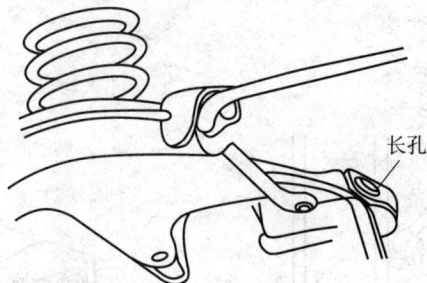

图 4 – 24　下控制臂调整装置

3）如图 4 – 25 所示，调主销后倾时，松开环销并旋转即可；调车轮外倾角时，旋转偏心螺栓即可。

4）如图 4 – 26 所示，松开控制臂安装螺栓，旋转偏心凸轮可以调整前轮外倾角。

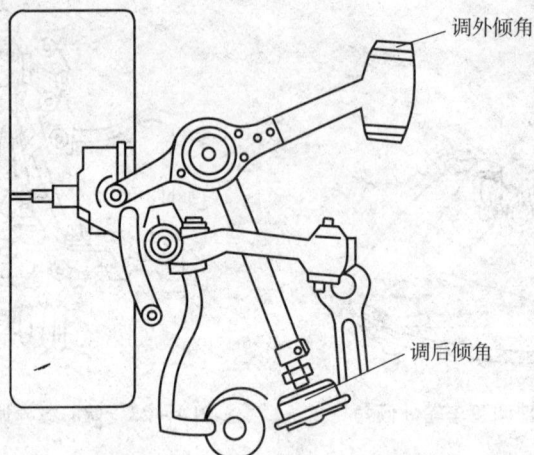

图 4 – 25   下控制臂调整装置

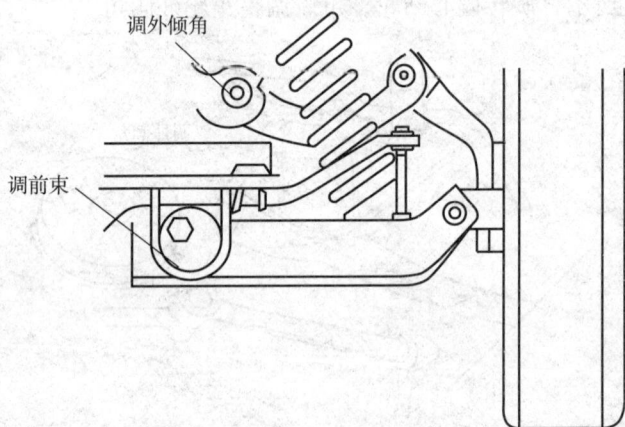

图 4 – 26   前轮外倾角调整装置

5）如图 4 – 27 所示，松开控制臂安装螺栓，旋转偏心凸轮可以调整前轮外倾角。

6）如图 4 – 28 所示，前轮下控制臂前端的偏心凸轮调整车轮外倾角，后部的偏心凸轮调整主销后倾角。

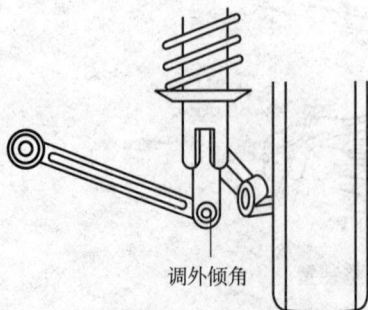

图 4 – 27   偏心凸轮调整外倾角装置

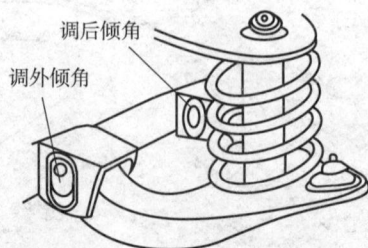

图 4 – 28   偏心凸轮调整装置

7）如图 4 – 29 所示，松开下控制臂前端的球头安装螺栓，可以推进或拉出球头，从而调整前轮外倾角。

8）如图4-30所示，通过前轮下控制臂上的偏心凸轮调整前轮外倾角；轮毂另有一根拉杆，通过拉杆上的偏心凸轮调整主销后倾角。如图4-31所示，松开下控制臂两个螺体，可以使球头在长孔里向外或向里滑动，从而调整车轮外倾角。

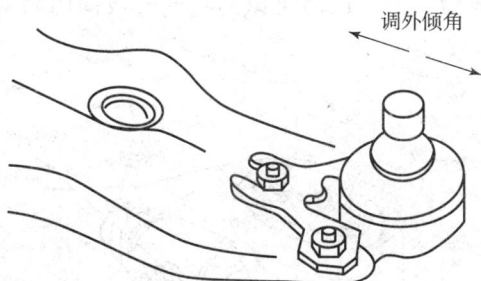

图4-29　球头螺栓调整角度装置

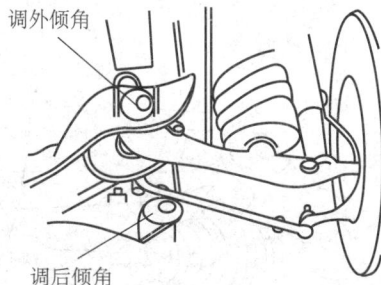

图4-30　下控制臂调整角度装置

9）如图4-32所示，松开控制臂末端安装球头的螺栓，旋转偏心螺栓，可调整主销后倾角。

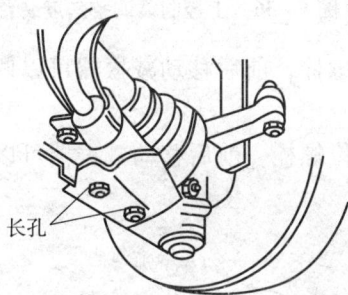

图4-31　长孔调整外倾角装置

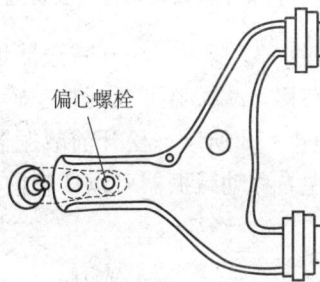

图4-32　偏心螺栓调整主销后倾角装置

10）如图4-33所示，松开两个安装螺栓，旋转偏心凸轮，可以分别调整主销后倾角和车轮外倾角。

11）如图4-34所示，松开后轮下控制臂前端的安装螺栓，可以撬动下控制臂向里或向外移动来调整外倾角。松开下控制臂后端的螺栓，向里向外移动下控制臂可以调整后轮前束。

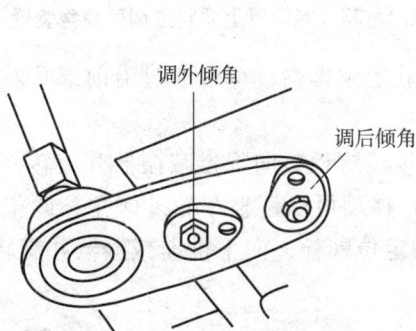

图4-33　偏心凸轮调整装置

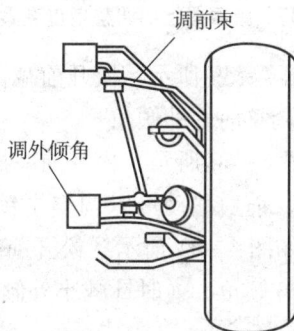

图4-34　后轮角度调整装置

12）如图 4-35 所示，前轮下控制臂上的偏心凸轮可以调整车轮外倾角，另一个拉杆下平面上的偏心凸轮可以调整主销后倾角。

4.2.3 从前减振器顶部进行调整

1）如图 4-36 所示，上控制臂上有两个螺栓，松开以后可以通过向外或向内移动车轮来调整车轮外倾角。

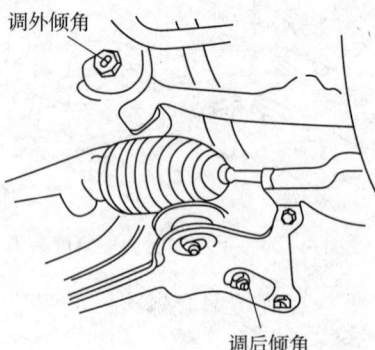

图 4-35 前轮下控制臂调整角度装置

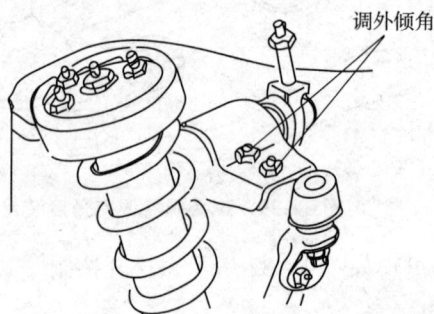

图 4-36 上控制臂调整角度装置

2）如图 4-37 所示，松开减振器顶上的几个定位螺栓，前后移动减振器可以调整主销后倾角，左右移动减振器可以调整车轮外倾角。

3）如图 4-38 所示，松开前减振器顶上的几个定位螺栓，前后移动减振器可以调整主销后倾角，左右移动减振器可以调整前轮外倾角。

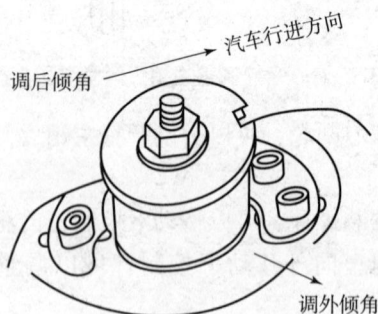

图 4-37 减振器上部调整角度装置

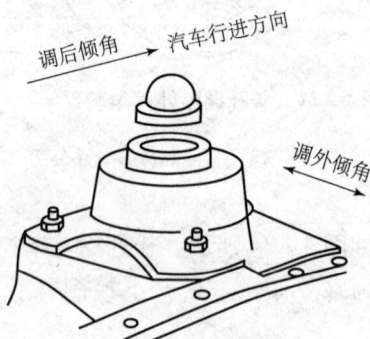

图 4-38 减振器上调整主销后倾角装置

4）如图 4-39 所示，松开前减振器顶上的几处定位螺栓，可以通过沿前卡孔左右移动前减振器来调整前轮外倾角。

5）如图 4-40 所示，松开前减振器顶上四个定位螺栓，向下推减振器并旋转，使其偏离原来中心，前后移动可以调整主销后倾角，左右移动可以调整车轮外倾角，调整范围为 $0.5° \sim 1°$。如图 4-41 所示，松开前减振器顶上的定位螺栓，向下推前减振器并旋转 $180°$，顺时针增大外倾角，逆时针减小外倾角。

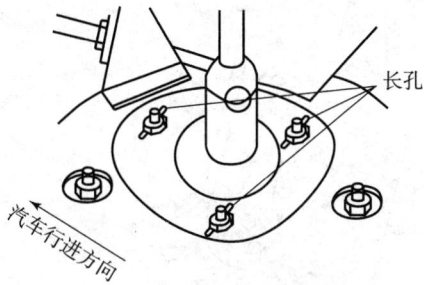

图 4-39　减振器长孔调整角度装置

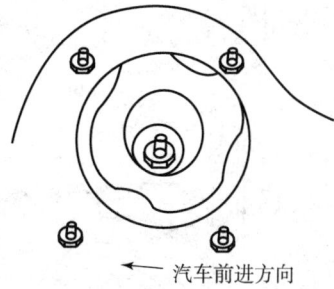

图 4-40　减振器上部调整角度装置（一）

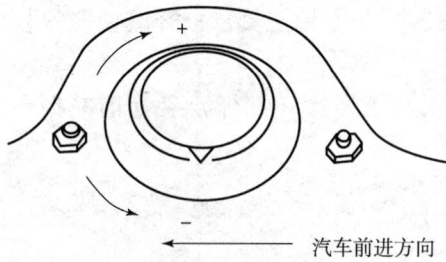

图 4-41　减振器上部调整角度装置（二）

4.2.4　从前减振器支架部位进行调整

1）如图 4-42 所示，松开减振器支架上两个螺栓，旋转上部带偏心凸轮的螺栓可调整前轮外倾角。

2）如图 4-43 所示，松开两个螺栓，向里推或向外拉轮胎，可以调整车轮外倾角。

3）如图 4-44 所示，松开减振器支架的两个螺栓，再松开侧面的定位螺栓，可移动减振器调整外倾角，调整后再锁紧。

4）如图 4-45 所示，减振器支架上部的螺栓上有偏心凸轮，用于调整车轮外倾角。

5）如图 4-46 所示，松开减振器两个螺栓，向外或向内移动轮胎上部，可以调整车轮外倾角达 3/4。调整后可以加楔形的铁片，由于它有锯齿，故可以防松。

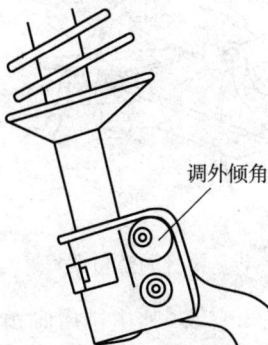

图 4-42　偏心凸轮螺栓调整角度装置

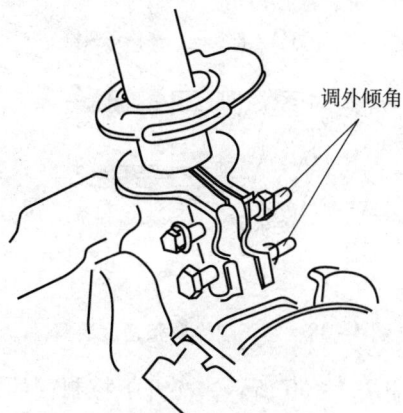

图 4-43　通过调节轮胎调整外倾角

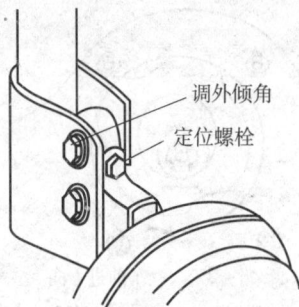

图 4 - 44　减振器下部调整外倾角装置

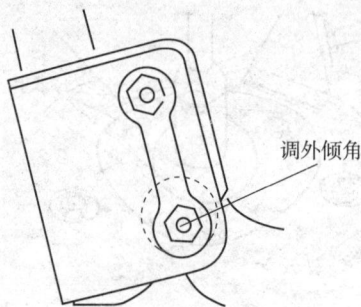

图 4 - 45　减振器偏心凸轮调整装置

6）如图 4 - 47 所示，安装一个专用工具，松开减振器安装螺栓可以调整车轮外倾角，前束的调整需要旋转调节套。

7）如图 4 - 48 所示，用修正螺栓（细杆）替换前减振器支架上部的螺栓，可以在 $\pm 0.75°$ 内调整外倾角。

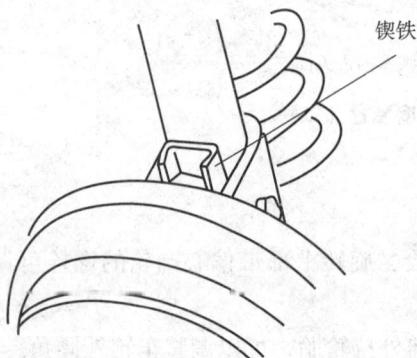

图 4 - 46　楔形铁片调整外倾角装置

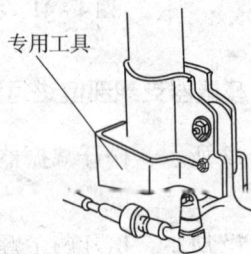

图 4 - 47　减振器安装螺栓调整外倾角装置

4.2.5　从其他部位进行调整

1）如图 4 - 49 所示，调长或调短前轮上的推杆，可以调整前轮主销外倾角；伸长或缩短后轮的拉杆，可以调整后轮的前束。

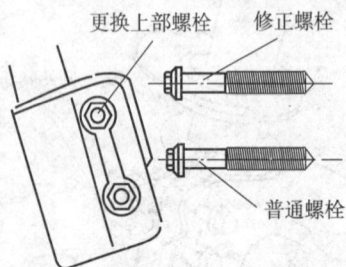

图 4 - 48　修正螺栓调整角度装置

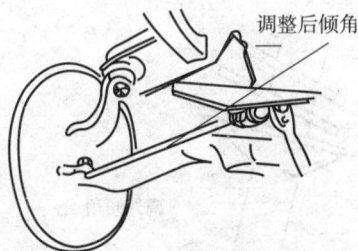

图 4 - 49　推杆调整角度装置

2）如图 4 - 50 所示，松开下控制臂的螺栓或减少垫片，可以调整主销后倾角。

3）如图 4 - 51 所示，前桥上连着的推力杆末端有垫片，因此增、减垫片可以调主销后倾角。

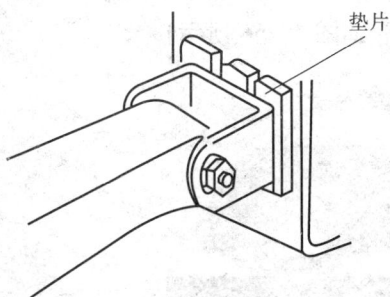

图 4 - 50　下控制臂垫片调整装置

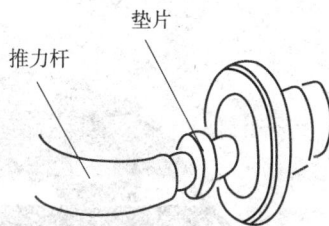

图 4 - 51　前桥上垫片调整装置

4）如图 4 - 52 和图 4 - 53 所示，后轮下控制臂一端装有偏心凸轮，松开螺栓，旋转凸轮即可调整后轮前束。

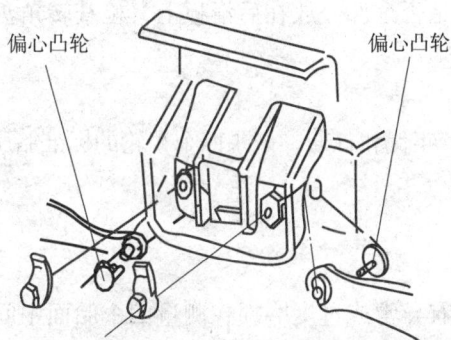

图 4 - 52　下控制臂偏心凸轮调整装置（一）

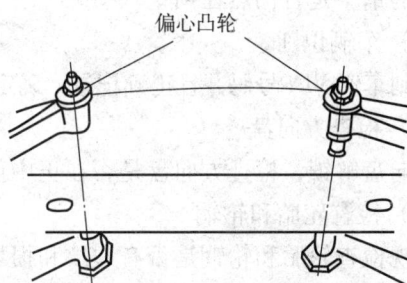

图 4 - 53　下控制臂偏心凸轮调整装置（二）

5）如图 4 - 54 所示，后轮前部的杆上有调整套角，可以调整后轮外倾角；后部的杆上有调整套，可以调整后轮前束。

6）如图 4 - 55 所示，上部的偏心凸轮用来调整车轮外倾角，下部的悬架拉杆可用来调整外倾角。

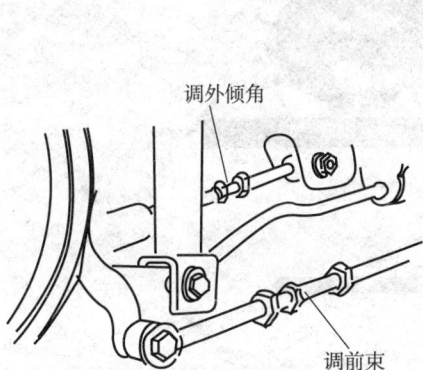

图 4 - 54　螺栓调整角度装置

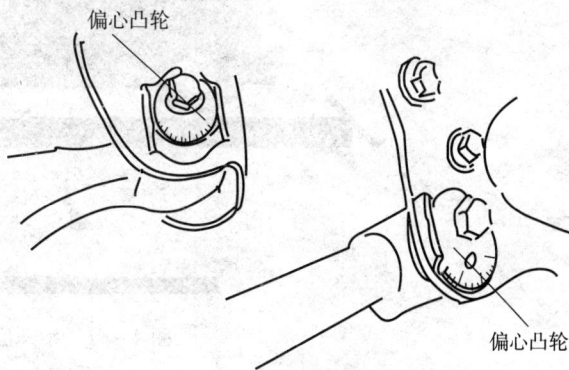

图 4 - 55　悬架拉杆调整角度装置

4.2.6　四轮定位调整的程序

下面以百斯巴特四轮定位仪的使用来讲解四轮定位的调整程序。

1. 举升位置 1（举升机处于驶入时的最低位置，如图 4-56 所示）

图 4-56　举升位置 1

（1）检查车辆停放位置

检查车辆在举升机上停放是否周正，检查后轮是否全部停放在后滑板上，检查转角盘和后滑板的销子是否仍然在锁止状态。

（2）车辆识别

找到车辆 VIN 号码并且正确记录，确定车辆生产年代和日期，记录四个车轮的标准胎压。

（3）检查方向盘

方向盘解锁，检查方向盘是否在正中位置。

（4）检查轮胎和轮辋

目视检查轮胎和轮辋是否有裂纹和损坏、是否有异常或过度磨损，测量四个胎面中间沟槽深度，使用胎压表检查气压并调整到标准值，检查钢圈是否过度变形损坏或腐蚀。

（5）选择车型数据

电脑上输入轮胎型号、气压和轮胎沟槽深度值。

2. 举升位置 2（举升机升高到车下可进人，平台落锁，如图 4-57 所示）

图 4-57　举升位置 2

（1）检查转向连接机构

检查左、右转向横拉杆及球头是否变形、破裂，检查转向机左、右护套是否破裂，检查左、右转向节是否有裂纹。

（2）检查前轴悬架

检查左、右前下控制臂前衬套是否老化变形，检查前稳定杆有无弯曲或损坏，检查左、右下控制臂是否有裂纹、变形，检查减振器是否漏油、变形、损坏，检查螺旋弹簧是否锈蚀、变形。

（3）检查后轴悬架

检查左、右后减振器是否变形、漏油、损坏，检查左、右后弹簧是否有明显锈蚀、损坏，检查后桥是否有明显变形损伤。

3. 举升位置 3（举升机平台落入低位合适操作位置，如图 4-58 所示）

图 4-58　举升位置 3

（1）定位仪定位准备

安装卡具和传感器，如图 4-59 所示，连接传感器电缆。

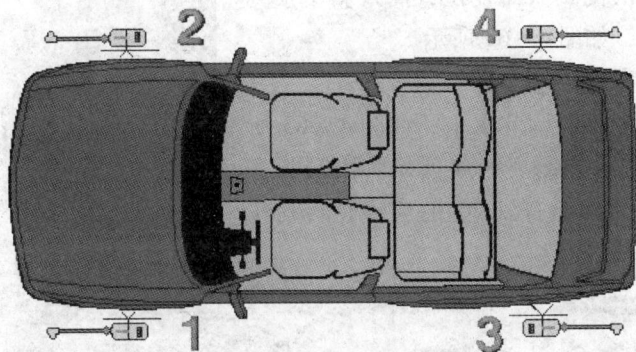

图 4-59　传感器安装示意图

（2）车辆变速箱挡位调整

将车辆挡位调整到空挡，放松手刹车。

4. 举升位置 4（升起二次举升机，车轮悬空 10 cm 左右，如图 4-60 所示）

图 4-60　举升位置 4

1）进行轮毂偏位补偿（四轮）。

2）补偿结束后拔出转角盘和后滑板的固定销。

5. 举升位置5（二次举升回位，大剪低位落锁，如图4-61所示）

图4-61　举升位置5

（1）举升机操作

前轮落在转盘中心，后轮落在后滑板上，移开后轮挡块，拉起手刹。

（2）调整前检测的准备工作

振动前后悬架数次使减振器复位，插入刹车锁到位，锁住脚刹车踏板，如图4-62所示。

（3）按照调整前程序检测车辆

车轮方向对中，传感器调节水平，如图4-63所示，左、右20°转向测量如图4-64所示。当箭头在绿色区域中间时证明转向盘打到20°时应停止转动转向盘。

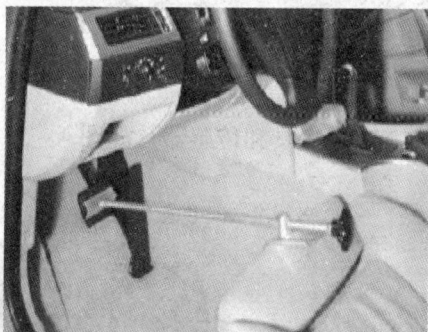

图4-62　锁住脚刹车踏板

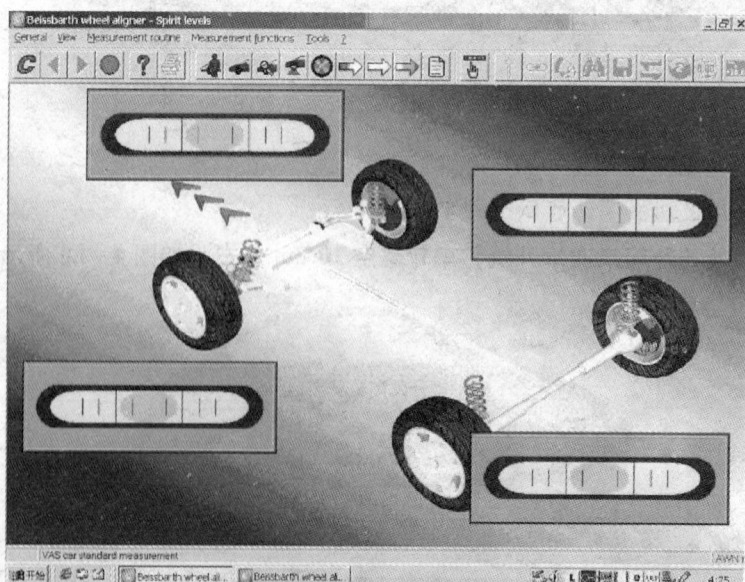

图4-63　传感器调平

图 4 – 64 　向右旋转 20°

（4）定位调整准备工作

转动方向盘，车轮方向对中后使用方向盘锁锁定方向盘位置，如图 4 – 65 所示。

图 4 – 65 　锁定方向盘

6. 举升位置 6（操作举升机，升高到较高适合调整位置并落安全锁，如图 4 – 66 所示）

图 4 – 66 　举升位置 6

1）后桥数据检查调整。根据电脑提示调整后桥车轮外倾角和前束，但很多车型后桥数据不可调整，如后桥参数异常可能是后桥变形、悬架变形损坏等。

2）前桥外倾角数据检查调整。

3）松开转向横拉杆螺母，调整前轮前束到规定范围内，将横拉杆螺母用扭力扳手按规定力矩上紧。

7. 举升位置7（低位落锁，降下平台到最低锁止位置锁住）

1）按照调整前程序检测车辆。

检查刹车锁，如需要重新锁牢、车轮方向对中、传感器调节水平、左右20°转向测量。

2）打印检测报告。

3）传感器放回到机柜充电。

8. 顶起位置8（设备复位后举升机回到最低位置）

1）升起举升机，使车轮悬空，如图4-67所示。

图4-67 升起举升机小剪

2）还原转角盘和后滑板的固定销。

3）降落举升机回到最低位置。

4）定位仪复位。拆下卡具挂好，定位仪程序复位，刹车锁回位，车辆支撑块、挡块回位。

5）降落大剪举升机回到最低位置。

6）工位整理。

回答下列问题

1. 在什么情况下要对车轮定位角进行调整？

_____

_____ 。

2. 在调整车轮定位角前要做什么准备工作？对车辆做什么检查？

_____

_____ 。

完成下列任务

1. 阅读四轮定位仪说明书，在计算机上模拟四轮定位操作（可根据选用的仪器来进行模拟操作）。

2. 由指导教师指定车辆，按照步骤进行四轮定位检查调整。

单元学习鉴定表

你是否在教师的帮助下成功地完成了单元学习目标所设计的学习活动	肯定回答
专业能力	肯定回答
知道车轮定位角的作用和定位原理	
知道车轮定位角的形成原理	
正确实施四轮定位的检测和调整	
知道车轮定位角对汽车行驶性能的影响	
根据测试数据判断故障	
关键能力	肯定回答
你是否根据已有的学习步骤、标准完成了资料的收集、分析和组织工作	
你是否通过标准有效和正确地进行交流	
你是否按计划有组织的活动，是否朝学习目标努力	
你是否尽量利用学习资源完成学习目标	
完成情况 　　所有上述表格必须是肯定回答。如果不是，应咨询教师是否需要增加学习活动，以达到要求的技能。 教师签字_____ 学生签字_____ 完成时间和日期_____	

参 考 文 献

［1］李鹏，张鹏．汽车底盘电子控制技术［M］．北京：北京理工大学出版社，2011.

［2］梁建和，甘善泽．汽车底盘构造与维修［M］．北京：北京理工大学出版社，2011.

［3］刘波，朱俊．汽车转向系统维修实例［M］．北京：科学技术文献出版社，2008.

［4］周林福．汽车底盘构造与维修［M］．北京：人民交通出版社，2005.

［5］曾鑫．汽车行驶转向与制动系统检修［M］．北京：人民邮电出版社，2011.